一冊で基本がまるごとわかる!

Pythonで デスクトップ アプリを作ろう

中島 省吾 著
Shogo Nakajima

Tkinter + SQLite3

標準ライブラリだけで作る

日経BP

はじめに

Python+Tkinter+SQLite3で
デスクトップアプリを作ろう

本書では、プログラミング言語「Python」を使って、パソコンのデスクトップ上で動作するアプリケーション、すなわち「デスクトップアプリ」の作り方を解説します。

本書は主に「パソコンで普段使っているようなGUI（Graphical User Interface）を持つアプリをPythonで作りたい」という方に向けて書かれています。

また、デスクトップアプリの作成は、Pythonの入門を一通り終えて、「次に何をすればよいのだろうか」と考えている方にもオススメです。

というのは、一般的に言って、簡単なデスクトップアプリの作成は、流行のAIのプログラムやWebアプリの作成ほど難しくはないからです。AIのプログラムと違って、難しい数学の話は出てきませんし、Webアプリと異なり、パソコンで完結するので気軽に実行できます。

それでいて、デスクトップアプリはGUIを扱うわけですから、プログラムの実行結果がグラフィカルです。つまり、プログラムの結果がビジュアルに示されるので、楽しく、わかりやすいとも言えます。

Pythonでデスクトップアプリを作成する方法はいくつかありますが、本書では「Tkinter」を使います。Tkinterは、Pythonに標準で付属する唯一のGUIライブラリです。ですから、標準的なPythonのプログラミング環境であれば、すぐに使うことができます。

本書は、基本的にはデスクトップアプリ開発の入門書という位置付けですが、第

3部では、少しだけ本格的なアプリを作成します。本格的なアプリでは多くのデータを扱うことになるので、「データベース」の利用が欠かせません。そこで第3部ではデータベース管理システムの「SQLite3」を利用します。

このSQLite3もTkinterと同様、Pythonに標準で付属します。つまり、すぐに使うことができます。

現時点で、「Python＋Tkinter＋SQLite3」は、最も手軽にデスクトップアプリを作成できる組み合わせの一つと言ってよいでしょう。また、この組み合わせであれば、マルチプラットフォーム対応のデスクトップアプリになります。マルチプラットフォーム対応というのは、複数のOSに対応するということです。ですから、例えばWindowsで作ったデスクトップアプリがそのままmacOSで動作します。

ぜひ本書でPython＋Tkinter＋SQLite3の基礎を学び、役に立つ、面白いオリジナルのデスクトップアプリを作成してみてください。本書が皆さんのプログラミングライフのお役に立てれば幸いです。

2023年9月
中島 省吾

目　次

第3部　アプリ作成 応用編

プログラミング環境の導入

本書では“標準的なPythonのプログラミング環境”を利用します。この“標準的なPythonのプログラミング環境”は、Pythonの公式サイトが配布するインストーラーでパソコンに導入できます。

Pythonの公式サイトのURLは次の通りです。

https://www.python.org/

公式サイトの「Downloads」（図1）から、Windows用やmacOS用のインストーラーをダウンロードできます。

Windowsの場合は、インストーラーの起動時の画面で表示される「Add python.exe to PATH」のチェックボックスにチェックを入れてインストールしてください。

本書では、講座1で使う「PyInstaller」を除いて、この標準的なPythonのプログラミング環境に含まれるソフトウエアしか使いません。

図1●Pythonソフトウエア財団が運営するPythonの公式サイト。「Downloads」からPythonのインストーラーをダウンロードできる

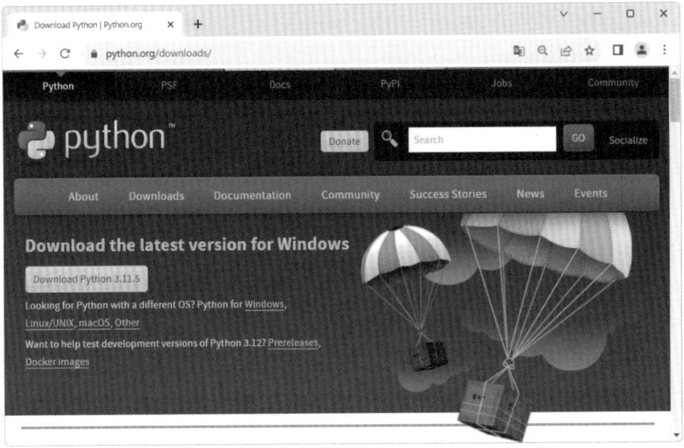

プログラムの実行方法

ここでは、Windowsパソコンで、Pythonのプログラムを実行する方法を解説します。

例えば、**リスト1**の「hello.py」を実行する場合は、次のような手順を踏みます。

(1) テキストエディターでテキストファイルを作成して、リスト1を記述し(図1)、適当なフォルダーに「hello.py」のファイル名で保存する
(2) Windowsパソコンに付属する「コマンドプロンプト」を起動して、「cd」コマンドでhello.pyのあるフォルダーに移動し、「python hello.py」を実行する

Windowsのデスクトップ画面にhello.pyを作成したのであれば、(2) は**図2**のように実行します。

リスト1●「hello.py」。Pythonのプログラム

```
s = 'hello! '

for i in range(1, 11):
  print(s * i)
```

図1●テキストエディターでリスト1を記述する

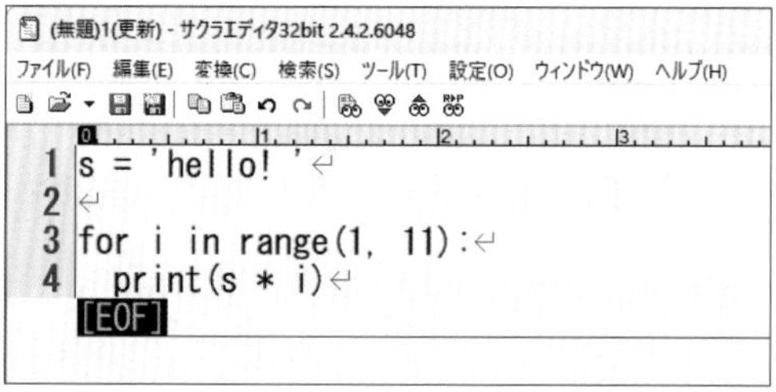

図2●hello.pyのあるデスクトップに移動して、hello.pyを実行

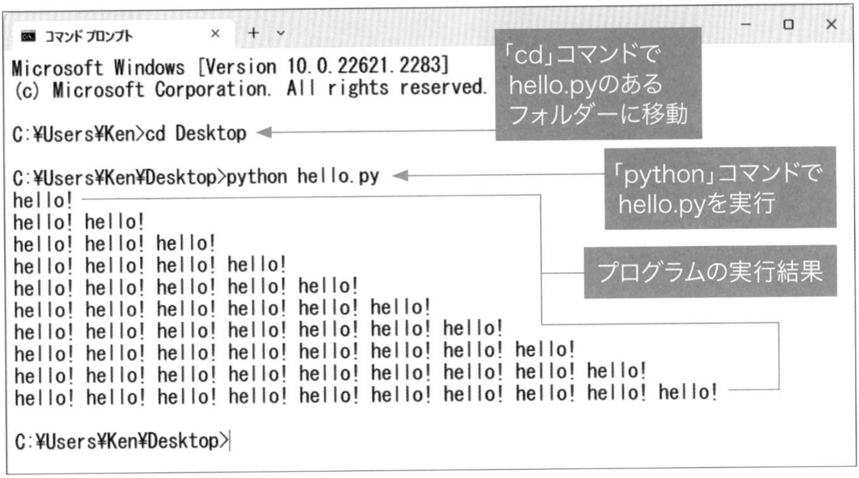

図2では、デスクトップの場所である「Desktop」フォルダーにcdコマンドで移動し、次のようにpythonコマンドを実行することで、デスクトップにあるhello.pyを実行しています。

```
python hello.py
```

「python」とプログラムのファイル名（ここではhello.py）の間には、半角スペースを入れます。

本書で解説しているプログラム（リスト）は、このように実行することを前提にしています。

掲載プログラムのダウンロード

本書に掲載したPythonのプログラムは、本書のWebページからダウンロードできます。本書のWebページは、日経ソフトウエアの「別冊バックナンバー」のWebページ（以下のURL）からたどれます。

https://nkbp.jp/nsoft_books

追加情報等も必要に応じて、本書のWebページに記載します。

※本書に記載の内容は、2023年9月時点のものです。その後のソフトウエアのバージョンアップなどにより、プログラムが想定通りに動作しなくなる可能性があります。ご了承ください。
※著者および日経BPは、すべてのPythonプログラミング環境での掲載プログラムの動作を保証するものではありません。
※掲載プログラムの著作権は、著者が所有しています。著者および日経BPの承諾なしに、プログラムを配布あるいは販売することはできません。
※掲載プログラムの実行や本書の内容の利用・応用は、自己責任で行ってください。著者および日経BPは、掲載プログラムの実行や本書の内容の利用・応用によって生じるいかなる損害にも責任を負いません。

第1部

基礎編

第1章 Python+Tkinterなら デスクトップアプリを簡単に作成できる

「デスクトップアプリをPythonとTkinterを使って作ろう」というのが本書のテーマです。始めに、デスクトップアプリ、Python、そしてTkinterとは何かを確認しましょう。

■デスクトップアプリとは？

デスクトップアプリは「アプリ」の一形態です。

アプリは「アプリケーション」の略で、WindowsやmacOS、iOS、Androidといった「オペレーティングシステム」（OS）の上で動作するソフトウエアのことです。

現時点で、アプリは大別すると、次の3つに分類できるでしょう。

CUIアプリ
VUIアプリ
GUIアプリ

CUIは「キャラクターユーザーインタフェース」（Character User Interface）の略です。CUIアプリは、一般的にはキーボードによるコマンド入力で操作します。アプリの出力は文字だけです。例えば、Windowsには、時刻を表示する「time」や日付を表示する「date」といったCUIアプリが付属しています（**図1**）。

図1●CUIアプリの例

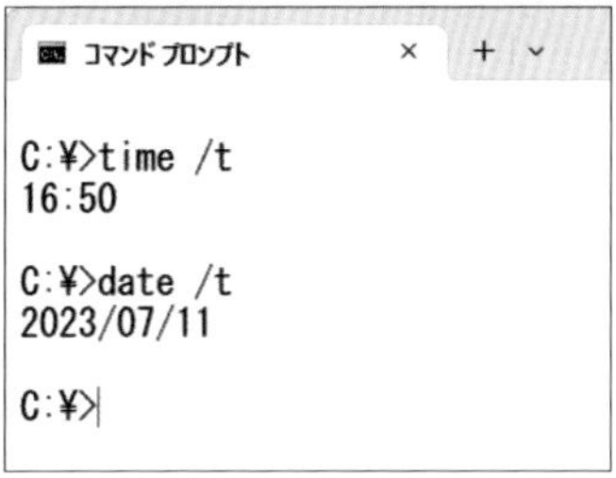

VUIは「ボイスユーザーインタフェース」(Voice User Interface) の略です。VUIアプリは、「Amazon Alexa」や「Siri」のように、音声で操作します。アプリの応答も音声です。近年急速に実用化され、普及しています。

GUIは「グラフィカルユーザーインタフェース」(Graphical User Interface) の略です。現在、アプリと聞けば、多くの人はGUIアプリを思い浮かべるでしょう。GUIアプリはキーボードに加えて、マウスやペン、指によるタッチ、あるいはジェスチャーなどで操作します。アプリの出力や応答も、多くの場合は何らかのグラフィカルな要素を伴います。

CUIアプリとVUIアプリとGUIアプリを比較すると、GUIアプリが圧倒的に普及しています。やはり、GUIアプリが最も使いやすいからでしょう。

さて、昔は「GUIアプリ＝デスクトップアプリ」という状況でしたが、Webやスマートフォンなどの登場によって、GUIアプリは多様化しています。次のアプリは、いずれもGUIアプリと呼べるものです。

デスクトップアプリ
スマートフォンやタブレットのアプリ
Webアプリ
VR(仮想現実)/AR(拡張現実)ゴーグルのアプリ

この中で、デスクトップアプリの特徴は、「デスクトップという概念を持つウインドウシステムをベースにするアプリ」と表現できます。デスクトップという概念を持つウインドウシステムを備えるOSはパソコンのOSだけと言えますから、「デスクトップアプリ＝パソコンのアプリ」でもあります。

1990年代の中盤にインターネットとWebが登場するまで、「GUIアプリ＝デスクトップアプリ」という状況だったので、今でも「GUIアプリ＝デスクトップアプリ」という認識の人が少なからずいると思われます。

■Python+Tkinter

WindowsやmacOSといったOSは、独自のウインドウシステムを持っています。これらのOSの能力を100%引き出すデスクトップアプリを作りたい場合は、OSの開発会社（マイクロソフトやアップル）が提供する独自色の強い開発環境を使うしかありません。しかし、それらを使うと、Windows用に作ったデスクトップアプリはWindowsでしか動かず、macOS用に作ったデスクトップアプリはmacOSでしか動かない、ということになります。さらに、それらの開発環境では、C++やC＃、Swiftといった、Pythonよりもだいぶ難しいプログラミング言語を使うことになります。

一方で、“OSの能力を100%引き出すこと”を諦めると選択肢が増えます。近年のパソコンの性能は十分に高いので、OSの能力を100%引き出さなくても、軽快に動くデスクトップアプリの作成が可能です。

Python＋Tkinterの組み合わせは、そのような選択肢の一つです。Pythonは、比較的容易に利用できるプログラミング言語です。Tkinterは、Pythonに標準で付属するGUIライブラリです。Python用のGUIライブラリはほかにもありますが、標準で付属するものはTkinterだけです。つまり、Python＋Tkinterなら、Pythonのプログラミング環境がインストールされたWindowsやmacOS、Linuxで動くデスクトップアプリを容易に作成できる、ということです。

なお、Tkinterは、もともとPythonのためのテクノロジーというわけではありません。Tkinterの「Tk」は、「Tk」というGUIライブラリのことです。Tkはもともと、「Tcl/Tk」というGUIアプリを簡単に作成できるプログラミング環境のGUIライブラリです（ちなみに、Tclはプログラミング言語の名前です）。このTkをPythonで使えるようにするためのライブラリがTkinterなのです。

第2章 1枚のウインドウを表示するだけのアプリを作る

最初に、すべての基本となる「1枚のウインドウを表示するだけのアプリ」をPython＋Tkinterで作りましょう。プログラム（ソースコード）の「window.py」は**リスト1**になります。

リスト1●「window.py」。1枚のウインドウを表示するだけのアプリのプログラム。Python＋Tkinterで作成

```
# Tkinterをインポート
import tkinter as tk

# Tkオブジェクトを生成
root = tk.Tk()

# ウインドウのタイトルを設定
root.title('Hello Window')

# ウインドウの内部のサイズを設定
root.geometry('250x120')

# トップレベルウインドウを表示
root.mainloop()
```

トップレベルウインドウでもある（root）

文字列でサイズを指定（'250x120'）

Windowsのコマンドプロンプトを起動したら、次のように入力して、window.pyを実行しましょう。

```
python window.py
```

実行結果は**図1**です。

図1●window.pyの実行結果

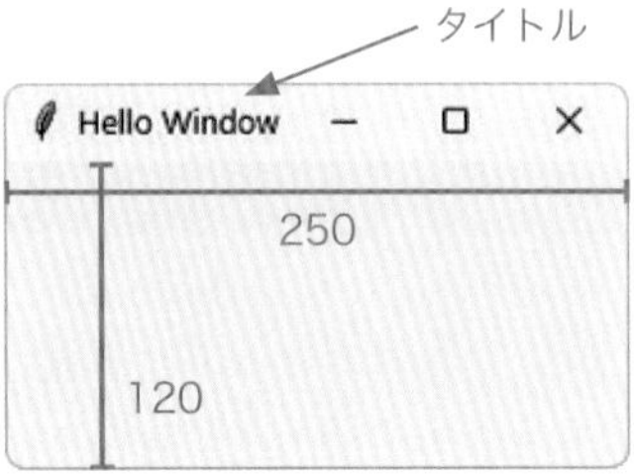

window.pyを説明しましょう。

冒頭の「import tkinter as tk」は、Tkinterを利用するためのimport文です。Tkinterを使う場合は、必ずこのようにインポートします。その際に、「as tk」を付けて、「tkinter」の代わりに「tk」というエイリアス（別名）をプログラムで使えるようにするのが慣例になっています。

次に、「root = tk.Tk()」で、Tkinterの「Tk関数」を使って「Tkオブジェクト」を生成し、変数rootで扱えるようにしています。Tk関数は、アプリの土台となる「トップレベルウインドウ」（これは「メインウインドウ」とも呼ばれます）を生成する関数です。このトップレベルウインドウを閉じると、Tkinterのアプリは終了します。

オブジェクトが持つ関数は「メソッド」とも呼ばれますが、本書では「関数」と表現することにします。

続いて、「root.title('Hello Window')」で、Tkオブジェクト（root）が持つtitle関数でウインドウのタイトルバーに表示する文字列を設定しています。ここでは「'Hello Window'」を指定しています。

その次は、ウインドウの内部のサイズの設定です。Tkオブジェクトが持つgeometry関数を使い、「root.geometry('250x120')」と設定しています。ここで、geometry関数の引数に、文字列「'250x120'」を与えてウインドウのサイズを指定する点がTkinterの特徴と言えます。これは、Tcl/Tkではすべての引数は文字列であることに由来します。

'250x120'は、幅が250ピクセルで高さが120ピクセル、という意味です。「x」は、「小文字のエックス」です。なお、これはウインドウの内部のサイズの設定なので、タイトルバーなどの部分は含まれません。

geometry関数では「デスクトップのどこにウインドウを表示するのか」の指定もできます。デスクトップの座標が(x, y)だとすると、「geometry('幅x高さ+x+y')」のように指定します。例えば、window.pyのウインドウをデスクトップの左上端に表示したい場合は、「root.geometry('250x120+0+0')」のように記述します。

最後は、「root.mainloop()」で、Tkオブジェクトが持つmainloop関数を実行しています。これでトップレベルウインドウが表示され、「イベントの発生を監視する状態」である「メインループ」に入ります。このメインループは、アプリを終了するまで終わらない無限ループになっています。

「イベント」に関しては、第1部第4章で解説します。

Python＋Tkinterで作ったアプリは、そのままPythonのプログラミング環境を備えるmacOSやLinuxでも動きます。例えば、window.pyをmacOSで実行すると**図2**になります。macOSのターミナルで「python window.py」と入力して実行します。

図2●window.pyをmacOSで実行した様子

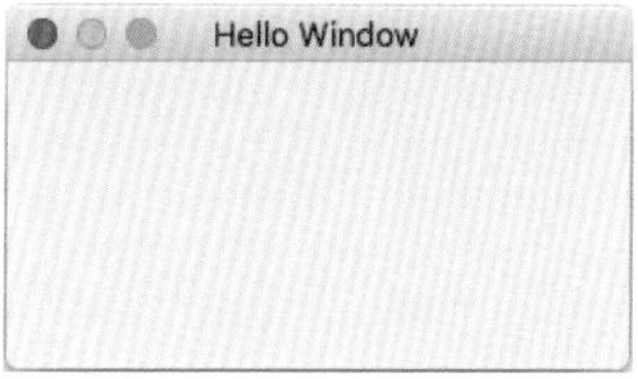

ウインドウシステムが異なるので見た目は少し異なるものの、同じアプリになっています。このように、Python＋Tkinterだとマルチプラットフォームに対応す

るデスクトップアプリを1つのプログラムで作成できます。

本書ではWindowsでのプログラミングを前提に解説を進めていきます。この点はご了承ください。ただし、macOSやLinuxでPython＋Tkinterを使う際にも役立つ内容になっていると思います。

▶第1部 基礎編で作成するアプリ

1枚のウインドウを表示するだけのアプリを作成できたところで、次の目標を示しましょう。

この第1部 基礎編では、**図3**のようなアプリの作成を目標にします。

図3●第1部 基礎編で作成するアプリ

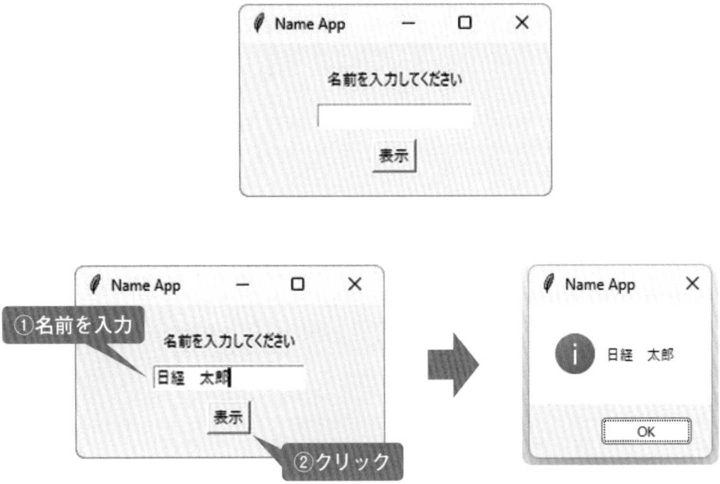

これは次の機能を持つアプリです。

テキストフィールドに名前を入力し、「表示」ボタンを押すと、メッセージボックスが出現して、入力された名前を表示する。

たったこれだけですが、いざ作ろうと思うと「文字列やボタンを表示する方法は？」「文字列やボタンの表示位置はどうやって指定するの？」「メッセージボックスの出し方は？」と、わからないことだらけで手が止まってしまうでしょう。

ということで、次の章ではTkinterが用意するGUI部品の使い方を解説します。

コラム Tcl/Tkのプログラム

参考までに、Tkの本家と言えるTcl/Tkのプログラムはどのようなものなのかを紹介しましょう。window.pyと同じようなアプリであれば、**リストA**の「window.tcl」のようなプログラムになります。

リストA●「window.tcl」。window.pyと同じ内容のプログラムをTclで記述。Tcl/Tkの実行環境で動作する

```
wm title . "Hello Window"
wm geometry . "250x120"
```

これはプログラミング言語のTclで記述されたものです。たった の2行ですが、実行すると**図A**のウインドウが表示されます。

図A●window.tclの実行結果

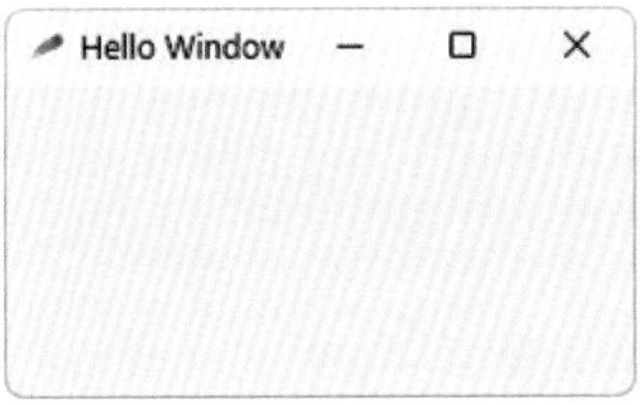

左上のアイコン以外、図1と全く同じウインドウです。

window.tclとwindow.pyを見比べてみましょう。ウインドウに設定を施す部分が、「wm title . "Hello Window"」と「root.title('Hello Window')」、「wm geometry . "250x120"」と「root.geometry('250x120')」のように、1対1で対応していることに気付きます。

コラム C言語でTkを使ってみる

TkはPythonだけではなく、様々なプログラミング言語で利用できます。ここではC言語でTkを利用する例を紹介しましょう。

window.pyと同じようなアプリをC言語で作るとしたら、**リストB**の「window.c」になるでしょう。

リストB●「window.c」。window.pyと同じ内容のプログラムをC言語で記述

```
#include <tcl.h>
#include <tk.h>

int main(void)
{
  Tcl_Interp *interp = Tcl_CreateInterp();
  Tcl_Init(interp);
  Tk_Init(interp);
  Tcl_Eval(interp, "wm title . ¥"Hello Window¥"¥n"
                   "wm geometry . ¥"250x120¥"");
  Tk_MainLoop();

  return 0;
}
```

実行結果は**図B**で、図1と全く同じウインドウが表示されます。

図B●window.cの実行結果

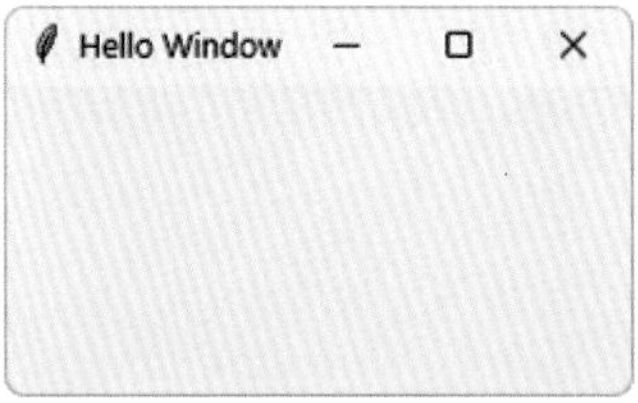

window.cでは、window.tclと同じ文字列をTcl_Eval関数の第2引数に与えています。つまり、Tcl_Eval関数は、Tclのプログラムを実行してくれます。なお、「¥"」は文字列の中で「"」を使うための記述です。

window.pyはmainloop関数でメインループに入りましたが、window.cでは似たような名前のTk_MainLoop関数でメインループに入っています。

第3章 GUIの部品=ウィジェットを配置する

GUIは、ボタンやテキストフィールドなど、様々な部品で構成されます。Tkinterでは、GUIの部品のことを「ウィジェット」(widget) と呼びます。Tkinterが用意している主なウィジェットは**表1**のようになります。ウィジェットにはもとからある「tkinter版」と、新しい「ttk版」があります。

表1●Tkinterが用意している主なウィジェット

ウィジェット名	説明
Button	通常のボタン。tkinter版とttk版がある
Canvas	描画領域(図形やテキストなどを自由に描画できる領域)。tkinter版のみ
Checkbutton	チェックボックス(オン/オフの切り替えができる)。tkinter版とttk版がある
Combobox	コンボボックス(Entryとドロップダウンリストの組み合わせ)。ttk版のみ
Entry	テキストフィールド(テキストを1行入力できる)。tkinter版とttk版がある
Frame	フレーム(長方形のコンテナ)。tkinter版とttk版がある
Label	ラベル(1行テキストの表示)。tkinter版とttk版がある
Labelframe	ラベル付きのフレーム(コンテナ)。ttk版のみ
Text	テキストボックス(テキストを複数行入力できる)。tkinter版のみ
Listbox	リストボックス(データをリストで一覧表示)。tkinter版のみ
Menubutton	プルダウンメニュー。tkinter版とttk版がある
Radiobutton	ラジオボタン。tkinter版とttk版がある
Notebook	タブ切り替え可能なページ。ttk版のみ
Scale	スライドバー(任意の範囲の値から数値を入力できる)。tkinter版とttk版がある
Scrollbar	スクロールバー(他のウィジェットと連動)。tkinter版とttk版がある
Spinbox	Entryに値を増減させるスピンボタンを付けたもの。tkinter版とttk版がある
Sizegrip	サイズグリップ(リサイズ可能であることの表示)。ttk版のみ
Menu	メニュー(ウインドウにメニューバーを付ける)。tkinter版のみ
Message	メッセージ(複数行テキストの表示)。tkinter版のみ
Progressbar	プログレスバー(進捗状況をバーで表示)。ttk版のみ
Separator	セパレータ(境界線の表示)。ttk版のみ
Treeview	ツリービュー(データを表や階層構造で一覧表示)。ttk版のみ

GUIの一般的な部品はほぼ網羅しています。ただし、用語に少し独特なところがあります。Tkinterでは、1行のテキストを入力できるテキストフィールドのことを「Entry」、スライドバー（スライダー）のことを「Scale」と言います。

これらのウィジェットは、tkinter版とttk版の両方があるもの、tkinter版しかないもの、ttk版しかないものの3つに分かれます。tkinter版はtkinterモジュールで作るウィジェットで、ttk版はtkinter.ttkモジュールで作るウィジェットです。ttk版の方が新しい分、見た目が良いGUIの部品になっています。

図1は、Buttonウィジェット、Checkbuttonウィジェット、Scaleウィジェットのtkinter版とttk版を比較したものです。

図1●tkinter版とttk版の比較。上からButtonウィジェット、Checkbuttonウィジェット、Scaleウィジェット

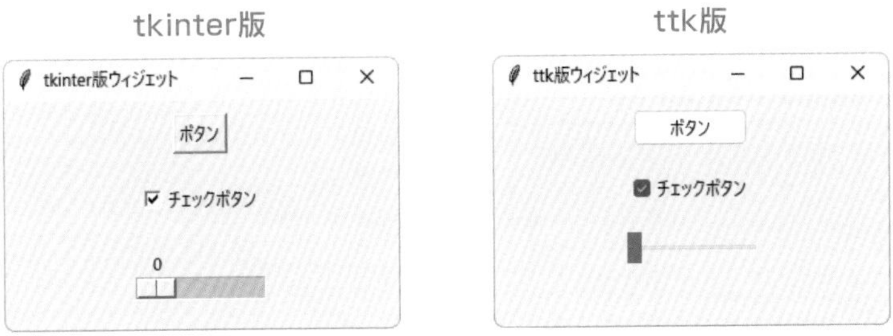

右のttk版の方がモダンなデザインと言えます。

ウィジェットにtkinter版とttk版がある場合、本書ではtkinter版を使うことにします。

最大の難関
ウィジェットの配置の基本

ウィジェットは、種類によって使い方が異なります。ただし、いずれのウィジェットも、使い方はそれほど難しくはないでしょう。そもそも、Tkinterは利用が難しいGUIライブラリではありません。

その中で、唯一“難しい”とか“面倒だ”と感じるかもしれないのが、ウィジェットの“配置”に関する部分です。しかし、これをある程度理解しておかないと、ウィジェットを思ったように配置できません。つまりはデスクトップアプリを作成できません。ここでは、文字列を表示する「Labelウィジェット」を使って、ウィジェットの配置の基本を解説します。

■3つの関数とコンテナを使い、階層構造で配置する

まず、頭に入れておきたいのは、ウィジェットは「pack関数」「grid関数」「place関数」のいずれかを使って、階層構造で配置する、という点です。

図2は、ウィジェットの階層構造の例です。

図2●ウィジェットの階層構造の例

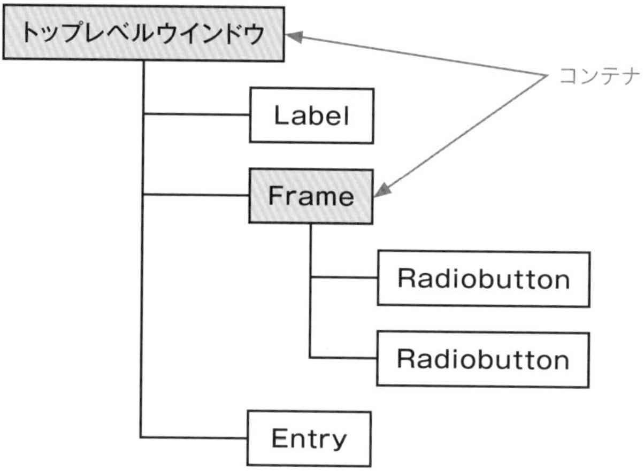

この例では、階層構造の頂点は「トップレベルウインドウ」であることと、「Frameウィジェット」の下に2つのRadiobuttonウィジェットがあることが重要です。

トップレベルウインドウやFrameウィジェットのような、他のウィジェットを配置できるウィジェットは「コンテナ」と呼ばれます。

トップレベルウインドウに自由にウィジェットを配置することはできますが、見

栄えの良いデスクトップアプリを作りたいのであれば、階層構造で管理し、時にはコンテナを利用して、ウィジェットを配置する必要があります。それが、Tkinterの流儀です。

■pack関数

それでは、画面の中央に文字列を表示するシンプルなプログラムの例を見てみましょう。**リスト1**の「pack_01.py」を実行すると、**図3**のウインドウが表示されます。

リスト1●「pack_01.py」。画面の中央に文字列を表示するプログラム

```
import tkinter as tk

# トップレベルウインドウの生成
root = tk.Tk()
# トップレベルウインドウの設定
root.title('pack関数')
root.geometry('250x120')

# Labelウィジェットの生成
label_1 = tk.Label(
  root,
  text='画面の中央')

# Labelウィジェットをウインドウの中央に配置
label_1.pack(expand=True)

# メインループに入る
root.mainloop()
```

親コンテナを指定

図3●pack_01.pyの実行結果

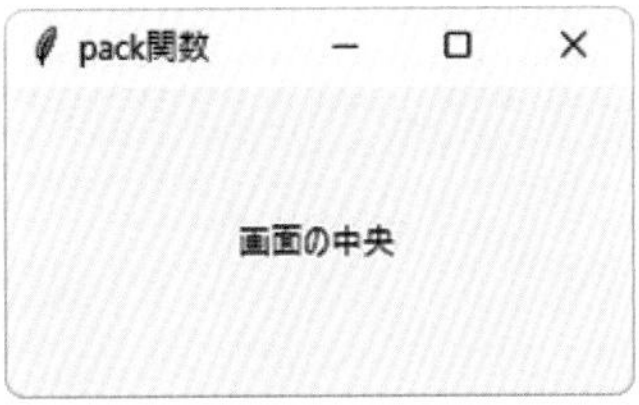

ウインドウの中央にある「画面の中央」の文字列が、Labelウィジェットです。Labelウィジェットは、「Label関数」に、親となるコンテナ（親コンテナ）と、表示する文字列を引数で指定して実行することで、生成できます。

```
変数 = tk.Label(親コンテナ, text=文字列)
```

pack_01.pyでは、親コンテナとして、「root = tk.Tk()」で生成したトップレベルウインドウのrootを指定しています。

> Label関数は、Labelクラスのコンストラクタでもあります。Labelウィジェットは、Labelクラスのオブジェクト（Labelオブジェクト）とも言えます。

Labelウィジェットは、生成しただけでは表示されません。表示するには、ウィジェットを配置する関数を実行し、その後でメインループに入る必要があります。

ウィジェットを配置する関数には、前述の通り、pack関数、grid関数、place関数の3つがあります。

pack_01.pyでは、pack関数を使っています。また、pack関数の「expandオプション」に「True」を指定することで、Labelウィジェットの「占有領域」をトップレベルウインドウの領域と同じにしています。すると、ウインドウ（トップレベルウインドウ）の中央に文字列が配置される、というわけです。この占有領域は重要な概念で、後ほど詳しく解説します。

> ここで、関数の「オプション」というのは、「キーワード引数」を意味します。キーワード引数とは、「仮引数名=値」のように記述する引数のことです。

このpack関数を使うと、ウィジェットを上、下、左、右方向に“積み重ねるように”配置できます。

pack関数では、主に**表2**のようなオプションを利用します。

表2●pack関数の主なオプション

オプション	説明
anchor	sideで指定した領域内でのウィジェットの位置
expand	親コンテナの領域すべてをウィジェットの占有領域とする 設定値:True、False(デフォルト)
fill	ウィジェットを占有領域の横、縦、または両方の幅、高さに合わせて広げるかどうかの指定 設定値:tkinter.X、tkinter.Y、tkinter.BOTH、tkinter.NONE(デフォルト)
padx	親コンテナの枠からウィジェットまでの余白(横)
pady	親コンテナの枠からウィジェットまでの余白(縦)
side	ウィジェットの配置方向を、上下左右の中から指定 設定値:tkinter.TOP(デフォルト)、tkinter.BOTTOM、tkinter.LEFT、tkinter.RIGHT

中でも、sideオプションが使いやすいと思いますので、説明しましょう。

■sideオプション

sideオプションを使うと、ウィジェットの配置方向を、**図4**の上（TOP)、下（BOTTOM)、左（LEFT)、右（RIGHT）から指定できます。

図4●sideオプションで指定できる方向

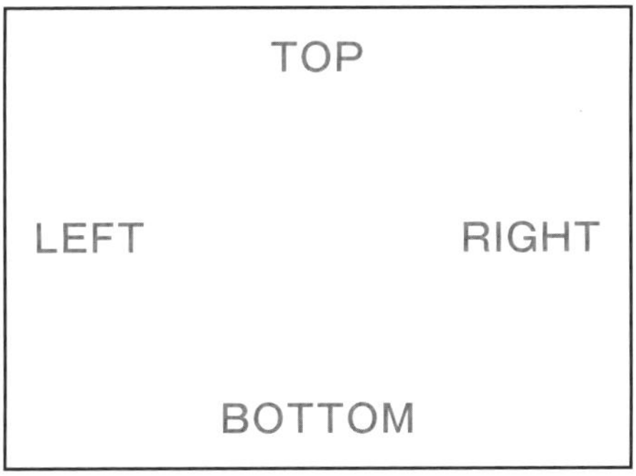

sideオプションのデフォルトは上です。したがって、複数のウィジェットがある場合に、sideオプションを指定せずにpack関数を実行すると、ウィジェットは上から下へ向かって配置されます。

リスト2の「pack_02.py」で、挙動を確認しましょう。実行結果は**図5**になります。

リスト2●「pack_02.py」。pack関数の利用例

```
import tkinter as tk

root = tk.Tk()
root.title('pack関数')
root.geometry('250x120')

# Labelウィジェットに枠を付け、幅を8文字分にする
label_top = tk.Label(
  root,
  text='TOP',
  relief=tk.SOLID,
  width=8)

label_bottom = tk.Label(
  root,
  text='BOTTOM',
  relief=tk.SOLID,
  width=8)

label_left = tk.Label(
  root,
  text='LEFT',
  relief=tk.SOLID,
  width=8)

label_right = tk.Label(
  root,
  text='RIGHT',
  relief=tk.SOLID,
  width=8)

# sideオプションを指定せずにpack関数を実行
label_top.pack()      ┐
label_bottom.pack()   ├(1)
label_left.pack()     │
label_right.pack()    ┘

root.mainloop()
```

図5●pack_02.pyの実行結果

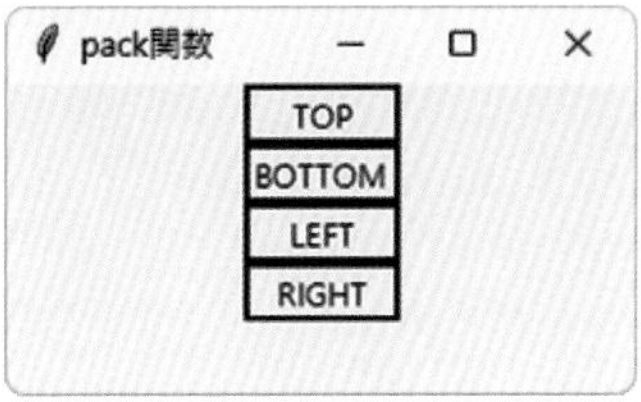

4つのLabelウィジェット（TOP、BOTTOM、LEFT、RIGHT）が上から下へ向かって配置されています。なお、ここでは、Labelウィジェットの位置がわかりやすいように、reliefオプションにtk.SOLIDを指定して枠線を表示しています。また、widthオプションでLabelウィジェットの横幅を8文字分にしています。

pack_02.pyでは冒頭で「import tkinter as tk」を実行しているので、「tkinter.SOLID」ではなく、「tk.SOLID」を指定します。これはこの後に出てくるsideオプションでも同様です。「tkinter.LEFT」ではなく、「tk.LEFT」と指定します。

では、sideオプションをtk.LEFTにしてpack関数を実行すると、どうなるでしょうか。pack_02.pyの（1）の部分を、次の4行に書き換えて、実行しましょう。

```
label_top.pack(side=tk.LEFT)
label_bottom.pack(side=tk.LEFT)
label_left.pack(side=tk.LEFT)
label_right.pack(side=tk.LEFT)
```

実行結果は**図6**です。ウィジェットは左から右へ向かって配置されています。

図6●ウィジェットは左から右へ向かって配置された

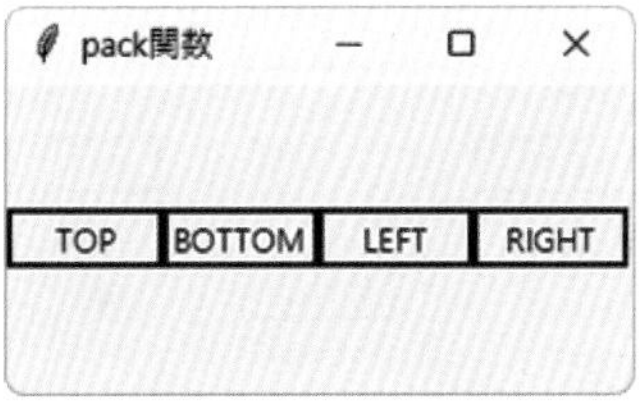

今度は、pack_02.pyの（1）の部分を、次の4行に書き換えて、実行しましょう。

```
label_top.pack(side=tk.BOTTOM)
label_bottom.pack(side=tk.BOTTOM)
label_left.pack(side=tk.BOTTOM)
label_right.pack(side=tk.BOTTOM)
```

実行結果は**図7**です。

図7●ウィジェットは下から上へ向かって配置された

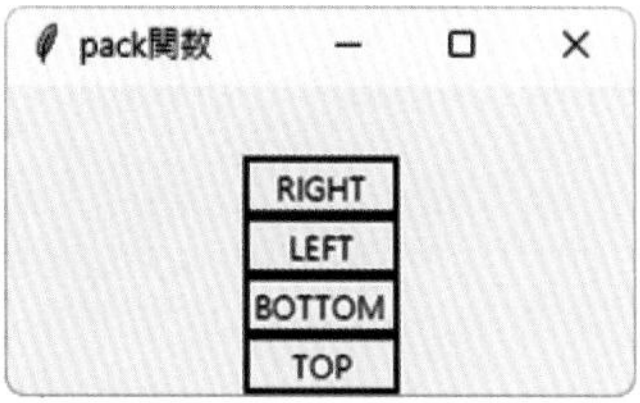

ウィジェットは下から上へ向かって配置されています。

4つのウィジェットを上下左右にきれいに配置してみましょう。pack_02.pyの（1）の部分を次のように書き換えて実行します。

```
label_top.pack(side=tk.TOP)
label_bottom.pack(side=tk.BOTTOM)
label_left.pack(side=tk.LEFT)
label_right.pack(side=tk.RIGHT)
```

実行結果は**図8**です。

図8●ウィジェットを上下左右にきれいに配置した

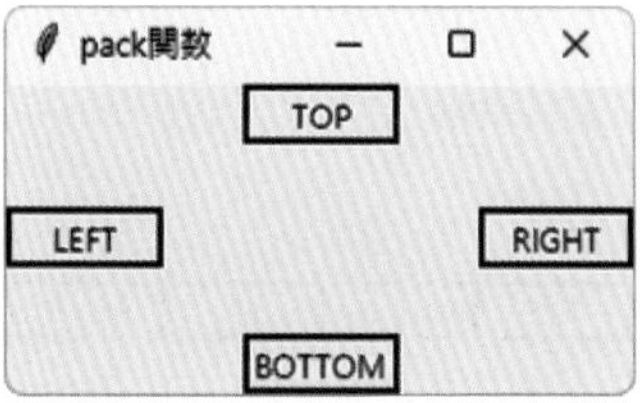

ウインドウのサイズを変えても、上下左右のきれいな配置は崩れません（**図9**）。

図9●ウインドウのサイズを変えても、上下左右のきれいな配置は崩れない

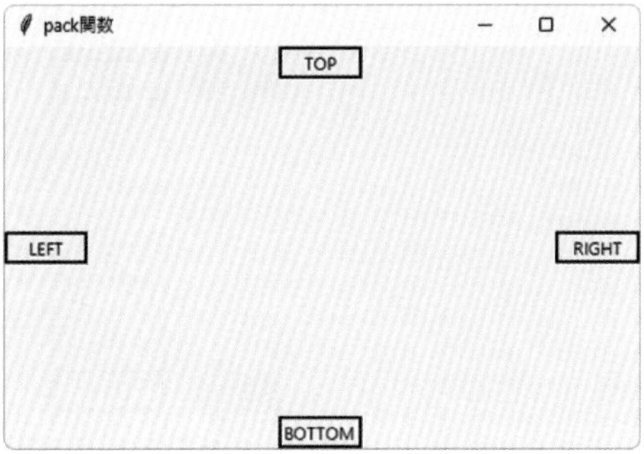

■ウィジェットの占有領域

ところで、pack関数を実行する順番を変えるとどうなるでしょうか。pack_02.pyの（1）の部分を次のように書き換えて実行してみましょう。

```
label_left.pack(side=tk.LEFT)
label_top.pack(side=tk.TOP)
label_right.pack(side=tk.RIGHT)
label_bottom.pack(side=tk.BOTTOM)
```

実行結果は**図10**です。

図10●ウィジェットの配置がズレた

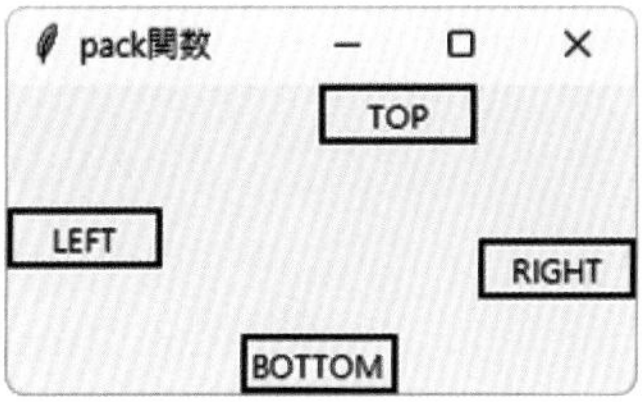

ウィジェットの配置がズレてしまいました。これは、ウィジェットには「占有領域」があるからです。

図11に、4つのウィジェットの占有領域をオレンジの線で示します。

図11●4つのウィジェットの占有領域

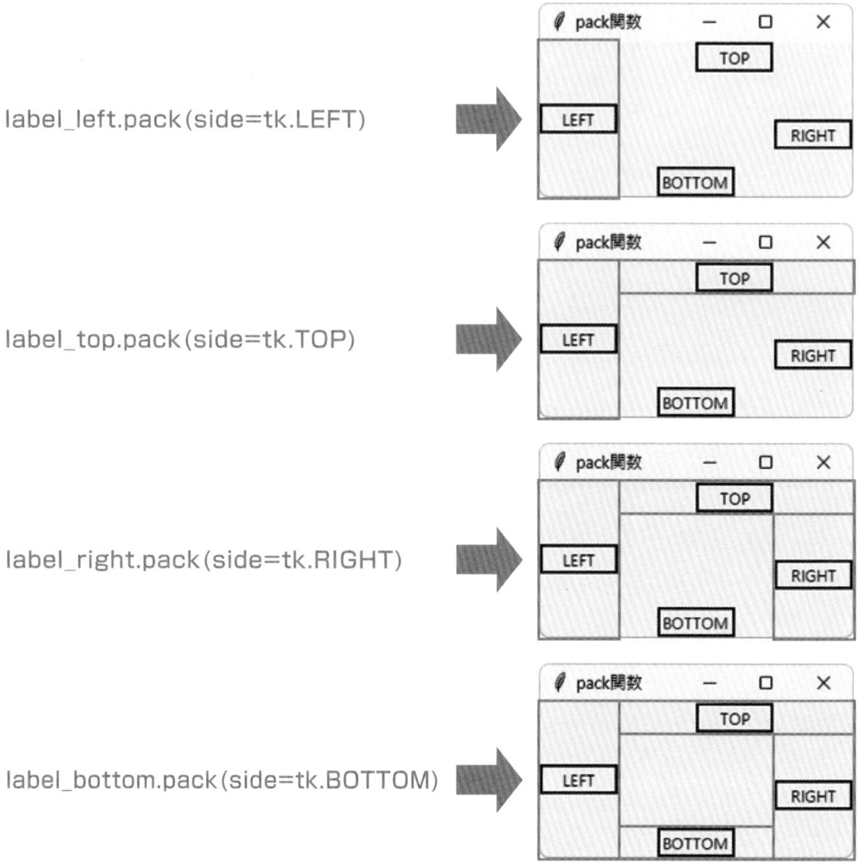

最初のLabelウィジェット（LEFT）では、sideオプションにtk.LEFTを指定しているので、ウィジェットは左側に表示されます。このとき、Labelウィジェットの占有領域の幅は文字列の幅、高さはウインドウの内部の高さになります。

次のLabelウィジェット（TOP）では、sideオプションにtk.TOPを指定しています。このとき、ウィジェットは、先に配置したウィジェットの占有領域を除いた部分に配置されるため、占有領域の幅がウインドウの幅よりも狭くなります。そのため、ウィジェットの配置がズレるのです。残りの2つのウィジェットも、同様の理由でズレます。

このように、pack関数でウィジェットを配置する場合は、ウィジェットの占有領域を認識し、配置する順番をよく考えないと、思った位置に表示されません。ちなみに、きれいに配置されている図8のウィジェットの占有領域は**図12**のようになっています。

図12●図8のウィジェットの占有領域

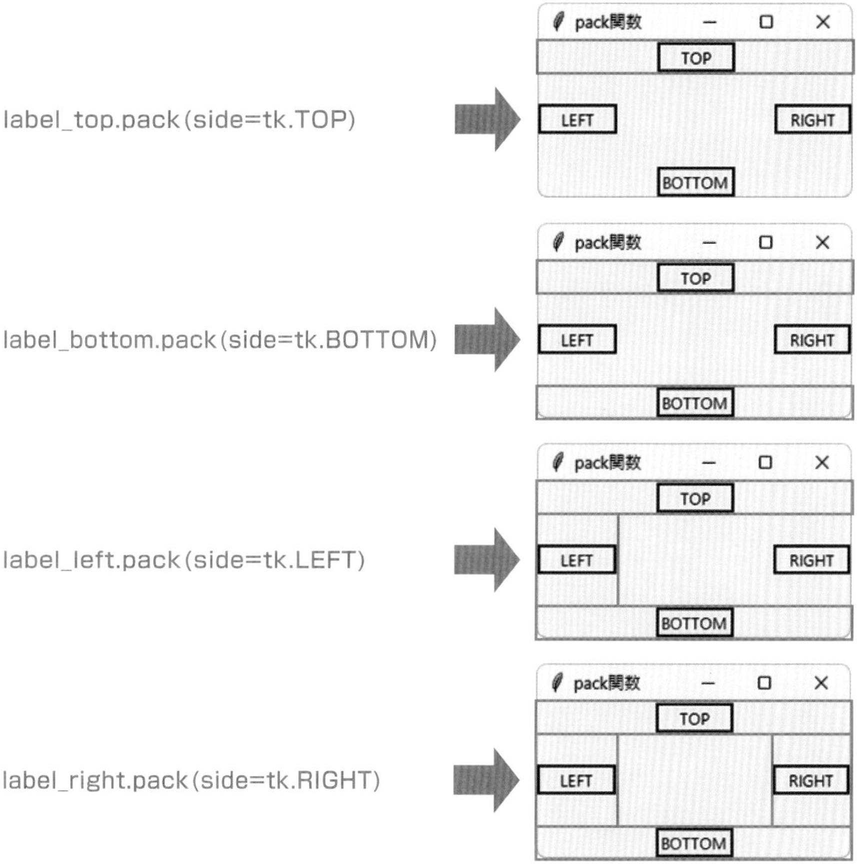

■grid関数

grid関数を使うと、ウィジェットをグリッド状（格子状）に配置できます。

リスト3の「grid_01.py」は、8個のLabelウィジェットをgrid関数で配置します。

リスト3●「grid_01.py」。grid関数の利用例

```
import tkinter as tk

root = tk.Tk()
root.title('grid関数')
root.geometry('400x200')

# ウィジェットの数
WIDGET_MAX = 8

# Labelウィジェットのリストを生成
labels = [
  tk.Label(
    root,
    text='NO_'+str(num),
    relief=tk.SOLID)
  for num in range(WIDGET_MAX)]

# grid関数で配置
# デフォルトでは、ウィジェットは左端に配置される
for num in range(WIDGET_MAX):
  labels[num].grid()

root.mainloop()
```

grid関数は「grid()」、すなわち引数なしのデフォルト（標準設定）のオプションで実行しています。

grid_01.pyの実行結果は**図13**です。

図13●grid_01.pyの実行結果

Labelウィジェットが縦に並んでいます。これは、1行目の1列目、2行目の1列目、3行目の1列目…のようにウィジェットが配置されたからです。つまり、デフォルトのオプションではグリッド状とは言い難い配置になります。

グリッド状に配置したい場合は、オプションを適切に指定する必要があります。grid関数では、主に**表3**のようなオプションを利用します。

表3●grid関数の主なオプション

オプション	説明
column	ウィジェットを配置する列番号(0始まり)
columnspan	横方向(行方向)に結合するグリッドの数
row	ウィジェットを配置する行番号(0始まり)
rowspan	縦方向(列方向)に結合するグリッドの数
ipadx	ウィジェットのサイズを横に引き伸ばす
ipady	ウィジェットのサイズを縦に引き伸ばす
padx	グリッド枠からウィジェットまでの余白(横)
pady	グリッド枠からウィジェットまでの余白(縦)
sticky	グリッド内でウィジェットを配置する位置

▶rowオプションとcolumnオプション

「rowオプション」と「columnオプション」を使えば、任意の行（row）と列（column）のグリッドにウィジェットを配置できます。

リスト4の「grid_02.py」は、2行4列のグリッドにLabelウィジェットを配置します。実行結果は**図14**になります。

リスト4●「grid_02.py」。grid関数の利用例

```
import tkinter as tk

root = tk.Tk()
root.title('grid関数')
root.geometry('400x200')

WIDGET_MAX = 8
```

```
labels = [
  tk.Label(
    root,
    text='NO_'+str(num),
    relief=tk.SOLID)
  for num in range(WIDGET_MAX)]

# 2行4列のグリッドにLabelウィジェットを配置
labels[0].grid(column=0, row=0)
labels[1].grid(column=1, row=0)
labels[2].grid(column=2, row=0)
labels[3].grid(column=3, row=0)
labels[4].grid(column=0, row=1)
labels[5].grid(column=1, row=1)
labels[6].grid(column=2, row=1)
labels[7].grid(column=3, row=1)

root.mainloop()
```

(1)

図14●grid_02.pyの実行結果

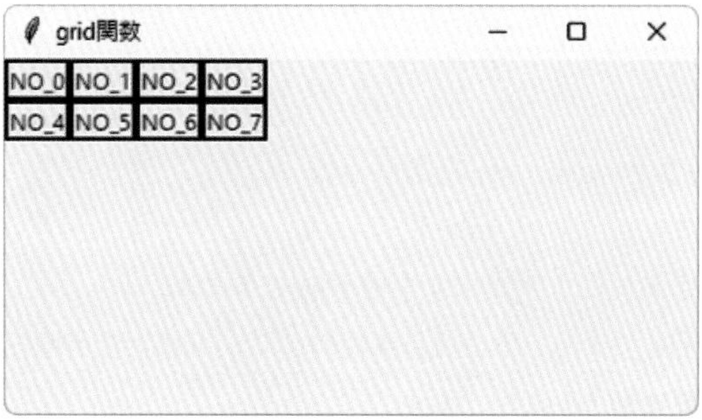

grid_02.pyでは、やや面倒ですが、(1) のように、ウィジェットを配置するグリッドの行と列を、rowオプションとcolumnオプションを使って、ウィジェットごとに設定します。行は2つなのでrowオプションには0～1の値を、列は4つなのでcolumnオプションには0～3の値を割り当てます。この0～1と0～3の組み合わせを、8個あるウィジェットに設定します。

▶ rowconfigure関数とcolumnconfigure関数

図14を見ると、各グリッドの領域がLabelウィジェットと同じ大きさになっています。そのため、親コンテナであるトップレベルウインドウには十分な大きさがあるにもかかわらず、ウィジェットが左上に固まって表示されます。

ウィジェットの配置をきれいにしてみましょう。「rowconfigure関数」と「columnconfigure関数」を使えば、各グリッドの領域を親コンテナの大きさに合わせられます。例えば、各グリッドのサイズを均等に、親コンテナの大きさに合わせるのであれば、親コンテナに次のような設定を施します。

```
# 各行の割合を指定
root.rowconfigure(0, weight=1)
root.rowconfigure(1, weight=1)

# 各列の割合を指定
root.columnconfigure(0, weight=1)
root.columnconfigure(1, weight=1)
root.columnconfigure(2, weight=1)
root.columnconfigure(3, weight=1)
```

rowconfigure関数で行の数（番号）と各行の大きさの割合を、columnconfigure関数で列の数（番号）と各列の大きさの割合を設定します。ここで、両関数を計6回実行していますが、weightオプションはすべて1にしているので、8個のウィジェットの大きさは同じになります。

両関数を使う「grid_03.py」を、**リスト5**に示します。実行結果は**図15**です。

リスト5●「grid_03.py」。grid関数の利用例

```
import tkinter as tk

root = tk.Tk()
root.title('grid関数')
root.geometry('400x200')

WIDGET_MAX = 8

labels = [
  tk.Label(
    root,
```

```
      text='NO_'+str(num),
      relief=tk.SOLID)
    for num in range(WIDGET_MAX)]

# 各行の割合を指定
root.rowconfigure(0, weight=1)
root.rowconfigure(1, weight=1)

# 各列の割合を指定
root.columnconfigure(0, weight=1)
root.columnconfigure(1, weight=1)
root.columnconfigure(2, weight=1)
root.columnconfigure(3, weight=1)

# grid関数で配置
labels[0].grid(column=0, row=0)
labels[1].grid(column=1, row=0)
labels[2].grid(column=2, row=0)
labels[3].grid(column=3, row=0)
labels[4].grid(column=0, row=1)
labels[5].grid(column=1, row=1)
labels[6].grid(column=2, row=1)
labels[7].grid(column=3, row=1)

root.mainloop()
```

図15●grid_03.pyの実行結果

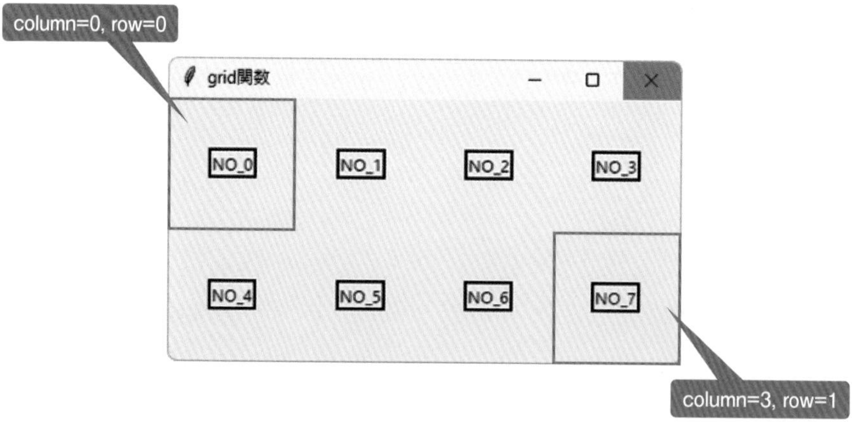

マウスでウインドウのサイズを変えると、**図16**のように、ウィジェットの大きさも変わります。

図16●ウィジェットの大きさも変わる

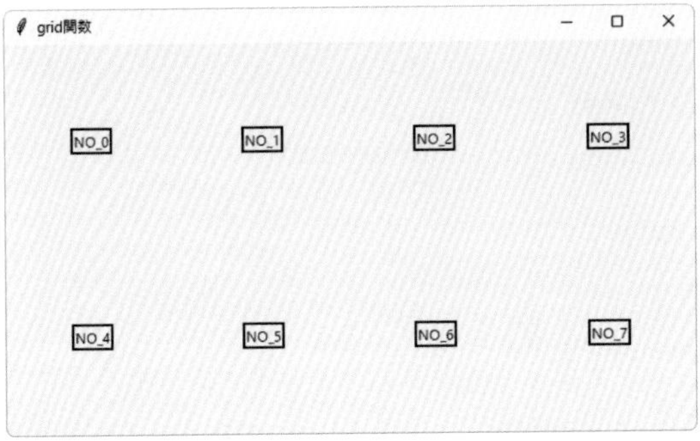

▶ stickyオプション

「stickyオプション」を使うと、1つのグリッド内でのウィジェットの配置を設定できます。設定可能な値は、東（'e'）、西（'w'）、南（'s'）、北（'n'）です（**図17**）。

図17●stickyオプションで設定できる値

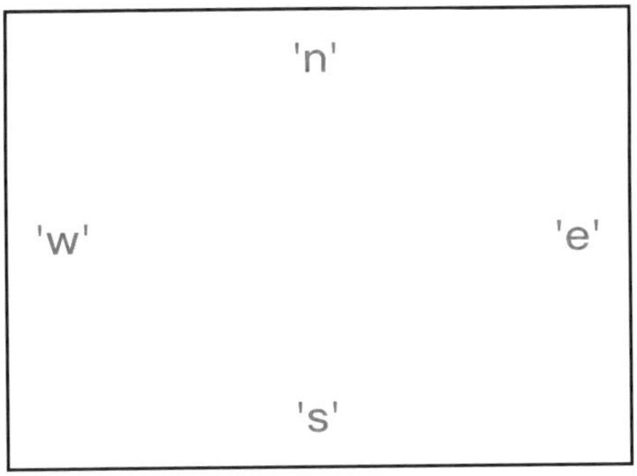

このstickyオプションでは複数の値を設定することもできます。複数の値を設定すると、ウィジェットが広がります。例えば、'ns'を設定すると、南北（上下）方向に、グリッド内いっぱいにウィジェットが広がります。'nsew'を設定すると、1つのグリッドいっぱいにウィジェットが広がります。

リスト6の「grid_04.py」は、stickyオプションの利用例です。実行結果は**図**

18になります。

リスト6●「grid_04.py」。grid関数の利用例

```
import tkinter as tk

root = tk.Tk()
root.title('grid関数')
root.geometry('400x200')

WIDGET_MAX = 8

labels = [
  tk.Label(
    root,
    text='NO_'+str(num),
    relief=tk.SOLID)
  for num in range(WIDGET_MAX)]

root.rowconfigure(0, weight=1)
root.rowconfigure(1, weight=1)

root.columnconfigure(0, weight=1)
root.columnconfigure(1, weight=1)
root.columnconfigure(2, weight=1)
root.columnconfigure(3, weight=1)

# stickyオプションを使う
labels[0].grid(column=0, row=0, sticky='n')
labels[1].grid(column=1, row=0, sticky='s')
labels[2].grid(column=2, row=0, sticky='e')
labels[3].grid(column=3, row=0, sticky='w')
labels[4].grid(column=0, row=1, sticky='ns')
labels[5].grid(column=1, row=1, sticky='se')
labels[6].grid(column=2, row=1, sticky='ew')
labels[7].grid(column=3, row=1, sticky='nsew')

root.mainloop()
```

図18●grid_04.pyの実行結果

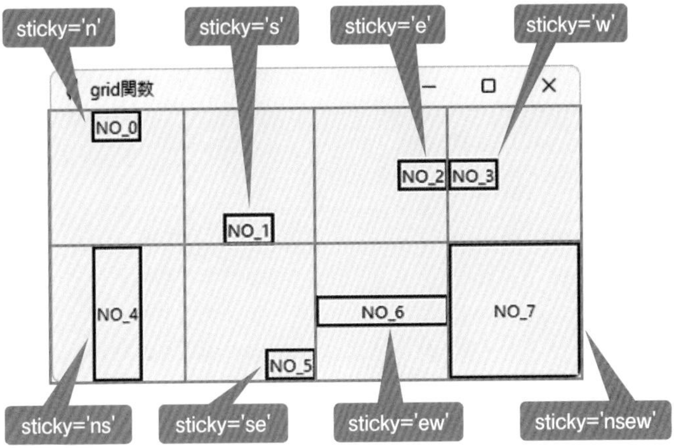

stickyオプションに設定した値で、Labelウィジェットがどのような配置と大きさになるのかを、確認しましょう。

▶グリッドを結合する

見てきたように、grid関数を使うとウィジェットをグリッド状に配置できるわけですが、実際のデスクトップアプリでは、規則正しくウィジェットを並べることは稀です。そこで必要になるのが、グリッドの結合です。「rowspanオプション」と「columnspanオプション」を使うと、グリッドを縦方向（列方向）または横方向（行方向）に結合できます。

例えば、rowconfigure関数とcolumnconfigure関数を使い、2行4列で計8個のグリッドを設定した後、次のようにrowspanオプションとcolumnspanオプションを設定してgrid関数を実行すると、グリッドの結合によって4個のグリッドになります。

```
labels[0].grid(column=0, row=0, rowspan=2)
labels[1].grid(column=1, row=0, columnspan=2)
labels[2].grid(column=3, row=0)
labels[3].grid(column=1, row=1, columnspan=3)
```

1行目の「rowspan=2」によって、「column=0, row=0」のグリッドは縦方向に2個結合します。つまり、「column=0, row=0」のグリッドと「column=0, row=1」のグリッドが結合します。

次に、2行目の「columnspan=2」によって、「column=1, row=0」のグリッドは横方向に2個結合します。つまり、「column=1, row=0」のグリッドと「column=2, row=1」のグリッドが結合します。4行目の「columnspan=3」に関しても、同様の結合が行われます。

リスト7の「grid_05.py」は、グリッドの結合の例です。実行結果を**図19**に示します。

リスト7●「grid_05.py」。grid関数の利用例

```
import tkinter as tk

root = tk.Tk()
root.title('grid関数')
root.geometry('400x200')

WIDGET_MAX = 4

labels = [
  tk.Label(
    root,
    text='NO_'+str(num),
    relief=tk.SOLID)
  for num in range(WIDGET_MAX)]

root.rowconfigure(0, weight=1)
root.rowconfigure(1, weight=1)

root.columnconfigure(0, weight=1)
root.columnconfigure(1, weight=1)
root.columnconfigure(2, weight=1)
root.columnconfigure(3, weight=1)

# グリッドを結合する
labels[0].grid(column=0, row=0, rowspan=2)
labels[1].grid(column=1, row=0, columnspan=2)
labels[2].grid(column=3, row=0)
labels[3].grid(column=1, row=1, columnspan=3)

root.mainloop()
```

図19●grid_05.pyの実行結果

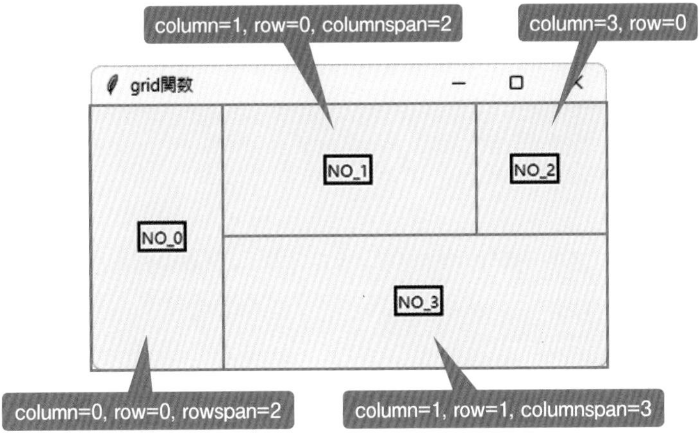

そこそこ複雑なウィジェットの配置を実現できました。

■place関数

place関数を使うと、ウィジェットを親コンテナの任意の座標に配置できます。また、親コンテナの幅と高さに対する比率（0.0～1.0）で指定した位置に配置することもできます。

place関数では、主に**表4**のようなオプションを利用します。

表4●place関数の主なオプション

オプション	説明
x	X座標を指定
y	Y座標を指定
relx	X座標を親コンテナの幅に対する相対的な値(0.0～1.0)で指定 0.0:左端、1.0:右端
rely	Y座標を親コンテナの幅に対する相対的な値(0.0～1.0)で指定 0.0:上端、1.0:下端
width	ウィジェットの幅をピクセルで指定
height	ウィジェットの高さをピクセルで指定
relwidth	ウィジェットの幅を親コンテナの幅に対する相対的な値(0.0～1.0)で指定
relheight	ウィジェットの高さを親コンテナの高さに対する相対的な値(0.0～1.0)で指定

▶X座標とY座標で指定

「xオプション」と「yオプション」を用いると、配置したい座標をX座標とY座標で指定できます。指定する座標は親コンテナの座標で、原点（0, 0）は親コンテナの左上端になります。

リスト8の「place_01.py」は、xオプションとyオプションを使う例です。実行結果は**図20**になります。

リスト8●「place_01.py」。place関数の利用例

```
import tkinter as tk

root = tk.Tk()
root.title('place関数')
root.geometry('250x120')

label_1 = tk.Label(
  root,
  text='x=100, y=50',
  relief=tk.SOLID)

# Labelウィジェットを親コンテナの
# 座標(100, 50)に配置
label_1.place(x=100, y=50)

root.mainloop()
```

図20●place_01.pyの実行結果

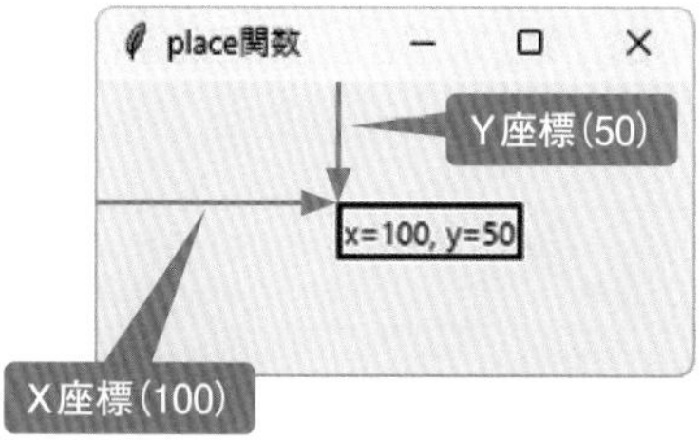

「label_1.place(x=100, y=50)」のように、place関数とxオプション/yオプションを使う配置方法は、非常にわかりやすいと思います。一方で、親コンテナ（ウインドウ）のサイズ変更に全く追従しない点には留意する必要があります。

▶親コンテナに対する比率で位置で指定

「relxオプション」と「relyオプション」を使うと、親コンテナに対する比率で位置を指定できます。例えば、「relx=0.5, rely=0.5」と指定すると、ウィジェットを（親コンテナの幅の50%の位置, 親コンテナの高さの50%の位置）の座標に配置できます。

リスト9の「place_02.py」は、relxオプションとrelyオプションを使う例で、実行結果は**図21**になります。

リスト9●「place_02.py」。place関数の利用例

```
import tkinter as tk

root = tk.Tk()
root.title('place関数')
root.geometry('250x120')

label_1 = tk.Label(
  root,
  text='relx=0.5,rely=0.5',
  relief=tk.SOLID)

# LabelウィジェットのX座標を
# 親コンテナの幅の0.5(50%)の位置に、
# LabelウィジェットのY座標を
# 親コンテナの高さの0.5(50%)の位置にする
label_1.place(relx=0.5, rely=0.5)

root.mainloop()
```

図21●place_02.pyの実行結果

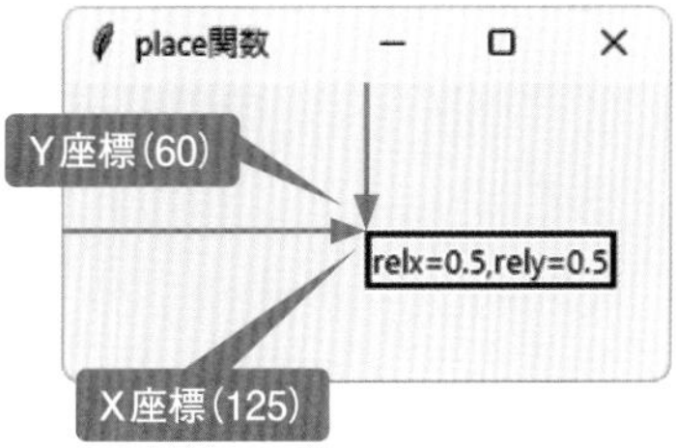

　この配置方法だと、ウィジェットは親コンテナ（ウインドウ）のサイズ変更に追従します（**図22**）。

図22●ウィジェットは親コンテナ(ウインドウ)のサイズ変更に追従する

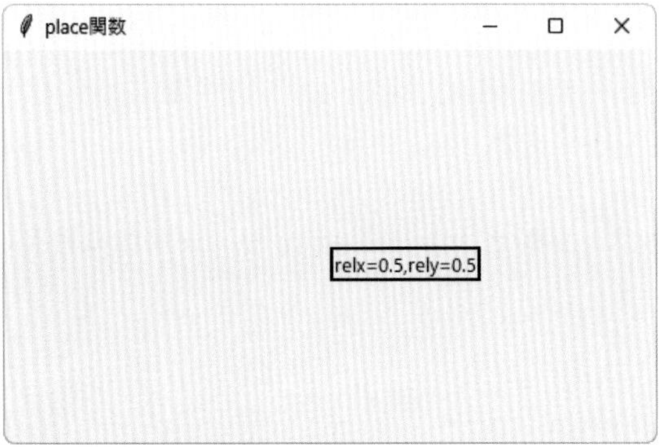

☆　　　☆　　　☆

　いささか長くなりました。ウィジェットの配置に関してはまだまだいくらでも説明することはありますが、もうお腹いっぱいだと思いますから、そろそろ次の話題に移ります。

第4章 「イベントドリブン」でユーザーの操作に対応する

Tkinterを含む大抵のGUIライブラリは、「イベントドリブン」という仕組みを採用しています。イベントドリブンでは、ユーザーの操作などをきっかけに処理を実行します。イベントドリブンのプログラミングでは、プログラムの進行が直線的ではなくなるので、慣れないうちは少し戸惑うかもしれませんが、難しくはありません。

イベントとハンドラ関数

Tkinterでは、ユーザーが次のようなGUIに関する操作を行ったときに、「イベント」が発生するようになっています。

- ・マウスのボタンが押された
- ・キー入力があった
- ・Buttonウィジェットが押された

etc.

これらのイベントが発生したときに何らかの処理を行いたい場合は、そのイベントに対応する関数を用意しておきます。すると、イベントが発生したら、対応する関数が“自動的に”実行されます。

そのような関数は「ハンドラ関数」と呼ばれます。

ハンドラ関数は、「イベントハンドラ」や「ハンドラ」、「イベント関数」とも呼ばれますが、本書ではハンドラ関数に統一します。

Tkinterのプログラムではmainloop関数を実行しますが、実は、mainloop関数を実行すると、イベントの発生を監視する状態になります。

このような、イベントとハンドラ関数を使ってGUIに関連する処理を行う仕組みがイベントドリブンです。イベントドリブンは「イベント駆動型」とも呼ばれます。

クリックに対応するプログラム

イベントドリブンの最も簡単な例として、「ボタンを押すとメッセージボックスを表示するプログラム」を作ってみましょう。

プログラムは**リスト１**の「event_01.py」です。

リスト1●「event_01.py」。ボタンを押すとメッセージボックスを表示するプログラム

```
import tkinter as tk
from tkinter import messagebox

# ハンドラ関数
def clicked():
  messagebox.showinfo('メッセージ', 'こんにちは！')

root = tk.Tk()
root.title('イベントドリブン')
root.geometry('250x120')

# Buttonウィジェットの生成と配置
button_1 = tk.Button(
  root,
  text='ボタン1',
  command=clicked)
button_1.pack(expand=True)

root.mainloop()
```

ハンドラ関数を設定

■Buttonウィジェットとcommandオプション

event_01.pyでは、「Buttonウィジェット」を使ってボタンを表示しています。

Buttonウィジェットを生成するButton関数には、「commandオプション」があります。このcommandオプションで、ボタンが押されたときに実行するハンドラ関数を次のように設定しています。

```
command=clicked
```

clickedはハンドラ関数の関数名です。clicked関数の定義は次のようにしています。

```
def clicked():
  messagebox.showinfo('メッセージ', 'こんにちは！')
```


メッセージボックスを表示するコードにしています。メッセージボックスはmessagebox.showinfo関数を実行するだけで表示できるので便利です。

Pythonでは、「command=clicked」のように、関数を引数に渡したり、関数を変数に代入したり、関数を関数の戻り値にしたりできます。

ハンドラ関数は「コールバック関数」です。引数として渡されて、後から実行される関数は、コールバック関数と呼ばれます。

event_01.pyを実行してみましょう。**図1**のウインドウが表示され、ボタンを押すとメッセージボックスが現れます。

図1●event_01.pyの実行例

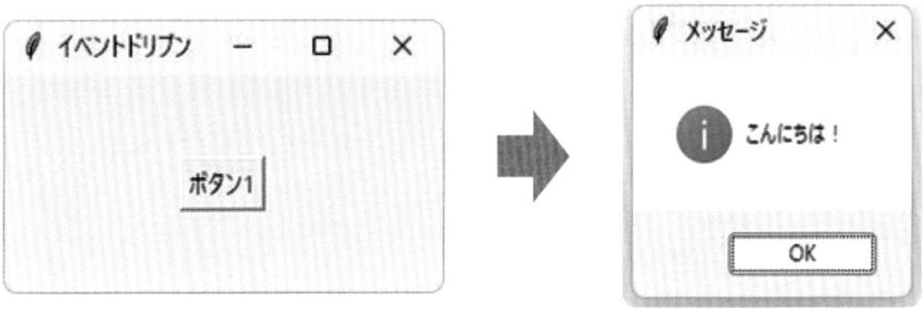

■ラムダ式でハンドラ関数を定義する

次に、event_01.pyを改造して、**図2**のように「ボタン1」を押すと「こんにちは！」のメッセージボックスが、「ボタン2」を押すと「ありがとう！」のメッセージボックスが表示されるようにしましょう。

図2●2つのボタンがあるプログラム

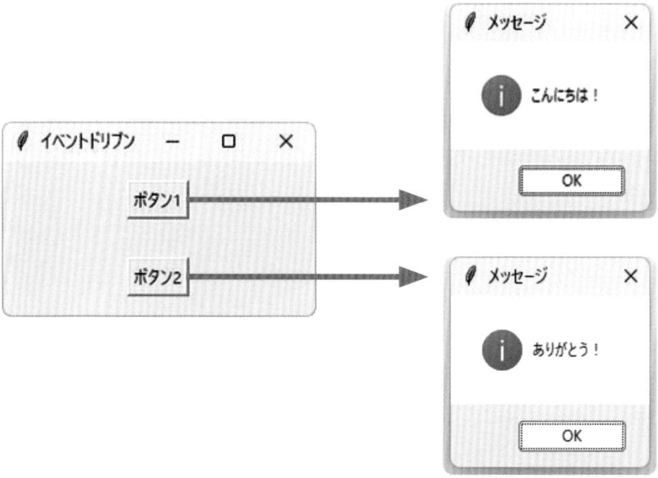

これは、**リスト2**の「event_02.py」のようなプログラムで実現できます。

リスト2●「event_02.py」。ハンドラ関数を2つ用意

```
import tkinter as tk
from tkinter import messagebox

# ボタン1のハンドラ関数
def button_1_clicked():
  messagebox.showinfo('メッセージ', 'こんにちは！')

# ボタン2のハンドラ関数
def button_2_clicked():
  messagebox.showinfo('メッセージ', 'ありがとう！')

root = tk.Tk()
```

```
root.title('イベントドリブン')
root.geometry('250x120')

# Buttonウィジェットの生成と配置
button_1 = tk.Button(
  root,
  text='ボタン1',
  command=button_1_clicked)
button_1.pack(expand=True)

button_2 = tk.Button(
  root,
  text='ボタン2',
  command=button_2_clicked)
button_2.pack(expand=True)

root.mainloop()
```


Buttonウィジェットを2つ作り、それぞれのハンドラ関数（button_1_clicked関数とbutton_2_clicked関数）を定義して、それぞれのcommandオプションに設定しています。

event_02.pyはこれはこれで問題のないプログラムですが、Pythonの「ラムダ式」の機能を使うと、もう少し短いプログラムになります。

> Pythonのラムダ式は、「無名関数」や「匿名関数」とも呼ばれる機能です。ラムダ式を使うと、関数名を設定しなくてよいので、関数を簡潔に定義できます。

リスト3の「event_03.py」は、ラムダ式を利用して、図2のプログラムを実現したものです。

リスト3●「event_03.py」。ラムダ式を利用

```
import tkinter as tk
from tkinter import messagebox

def clicked(s):
  messagebox.showinfo('メッセージ', s)

root = tk.Tk()
root.title('イベントドリブン')
root.geometry('250x120')

# Buttonウィジェットの生成と配置
button_1 = tk.Button(
  root,
  text='ボタン1',
  command=lambda:clicked('こんにちは！'))   ← ラムダ式を利用
button_1.pack(expand=True)

button_2 = tk.Button(
  root,
  text='ボタン2',
  command=lambda:clicked('ありがとう！'))   ← ラムダ式を利用
button_2.pack(expand=True)

root.mainloop()
```

ポイントとなるのは、commandオプションでラムダ式を使ってハンドラ関数を記述している次の部分です。

```
command=lambda:clicked('こんにちは！')

command=lambda:clicked('ありがとう！')
```

clicked関数は、別途、次のように定義しています。

```
def clicked(s):
  messagebox.showinfo('メッセージ', s)
```

このclicked関数は事実上のハンドラ関数と言えますが、commandオプションでは「command=clicked('こんにちは！')」のように書いてハンドラ関数を設定することはできません。こう書いてもエラーにはなりませんが、Buttonウィジェットの生成時に「clicked('こんにちは！')」が実行されるという、意図しない挙動になってしまいます。

つまり、ハンドラ関数の設定では「command=clicked」のようにしか記述できません。しかし、これではclicked関数に引数を渡せません。そこで、ラムダ式を使って、「clicked('こんにちは！')を実行する関数」と「clicked('ありがとう！')を実行する関数」を定義して、commandオプションに渡しているのです。

■bind関数でハンドラ関数を設定する

実は、commandオプションはすべてのウィジェットで使えるわけではありません。Labelウィジェットのように、操作されることを前提としていないウィジェットにはcommandオプションはありません。

また、例えばButtonウィジェットのcommandオプションに指定できるのは、「マウスが左クリックされた」（正確には「マウスの左ボタンが押された後に離された」）というイベントに対応するハンドラ関数だけです。他のイベントのハンドラ関数は設定できません。

それでは柔軟性に欠けますから、Tkinterは、イベントにハンドラ関数を設定する汎用的な方法として、「bind関数」を用意しています。

bind関数の基本的な使い方は次のようになります。

```
bind(イベントの種類, ハンドラ関数)
```

主なイベントの種類を**表1**に示します。bind関数では、イベントの種類を「'<ButtonRelease-1>'」のように、文字列で指定します。

表1●主なイベントの種類

イベントの種類	発生するタイミング
<ButtonPress>	マウスのボタンが押されたとき
<ButtonPress-1>、<Button-1>、<1>	マウスの左ボタンが押されたとき
<ButtonPress-2>、<Button-2>、<2>	マウスのホイールボタン(中ボタン)が押されたとき
<ButtonPress-3>、<Button-3>、<3>	マウスの右ボタンが押されたとき
<ButtonRelease>	マウスのボタンが離されたとき
<ButtonRelease-1>	マウスの左ボタンが離されたとき
<ButtonRelease-2>	マウスのホイールボタン(中ボタン)が離されたとき
<ButtonRelease-3>	マウスの右ボタンが離されたとき
<Double-1>	マウスの左ボタンがダブルクリックされたとき
<Double-2>	マウスのホイールボタン(中ボタン)がダブルクリックされたとき
<Double-3>	マウスの右ボタンがダブルクリックされたとき
<Enter>	マウスカーソルがウィジェットに入ったとき
<Leave>	マウスカーソルがウィジェットから出たとき
<Motion>	ウィジェット内でカーソルが動いたとき
<KeyPress>	キーが押されたとき
<KeyPress-k>、<k>	kキーが押されたとき
<Control-c>	Controlキーとcキーが押されたとき
<Return>	Enterキーが押されたとき

event_01.pyをbind関数を使って書き直すと、**リスト4**の「event_04.py」のようになります。実行結果はevent_01.pyと同じです（図1）。

リスト4●「event_04.py」。bind関数を使う

```
import tkinter as tk
from tkinter import messagebox

# ハンドラ関数。Event型の引数を持つ
def clicked(event):
  messagebox.showinfo('メッセージ', 'こんにちは！')

root = tk.Tk()
```

```
root.title('イベントドリブン')
root.geometry('250x120')

# Buttonウィジェットの生成と配置
button_1 = tk.Button(
  root,
  text='ボタン1')

# <ButtonRelease-1>イベントのハンドラ関数として
# clicked関数を設定
button_1.bind('<ButtonRelease-1>', clicked)
button_1.pack(expand=True)

root.mainloop()
```

bind関数

bind関数は次のように使っています。

```
button_1.bind('<ButtonRelease-1>', clicked)
```

マウスの左ボタンを離したときに発生する「<ButtonRelease-1>イベント」のハンドラ関数として、clicked関数を設定しています。

▶左クリックは<ButtonRelease-1>イベント

ここでclicked関数が対応するイベントを<ButtonPress-1>イベントにすると、event_01.pyのcommandオプションと同じ挙動にはなりません。<ButtonPress-1>イベントはマウスの左ボタンが押された瞬間に発生するイベントであるのに対し、<ButtonRelease-1>イベントはクリックが完了する瞬間、つまり、押されていた左ボタンが離された瞬間に発生するイベントです。いわゆる“左クリック”で発生するイベントは、<ButtonPress-1>ではなく、<ButtonRelease-1>の方なのです。これは右クリックやホイールボタン（中ボタン）のクリックでも同様です。

▶ハンドラ関数にEvent型の引数を持たせる

bind関数で設定するハンドラ関数には引数を持たせる必要があります。event_04.pyでは、clicked関数に「event」という引数を持たせています。ただし、名前はevent以外でも構いません。この引数はTkinterが用意する「Event型」になります。**表2**はEvent型が持つ主な属性です。

表2●Event型が持つ主な属性

属性	説明
widget	イベントが発生したウィジェット
x	イベントが発生したX座標
y	イベントが発生したY座標
num	マウスのボタンの番号
keysym	キーのシンボル
keycode	キーのコード
char	キーの文字
time	イベント発生時刻

ハンドラ関数では、このEvent型の引数の属性から、発生しているイベントに関する様々な情報を取得できます。

リスト5の「event_05.py」は、Event型の引数の利用例です。実行例を**図3**に示します。

リスト5●「event_05.py」。Event型の引数の利用例

```
import tkinter as tk
from tkinter import messagebox

# ハンドラ関数。Event型の引数を持つ
def clicked(event):
  print(event.x, event.y)

root = tk.Tk()
root.title('イベントドリブン')
root.geometry('250x120')

root.bind('<ButtonPress>', clicked)

root.mainloop()
```

ボタンが押されたときの
マウスの座標を表示

図3●event_05.pyの実行例

bind関数で、ウインドウ（トップレベルウインドウ）で発生する<ButtonPress>イベントに対応するハンドラ関数を設定しています。ハンドラ関数のclicked関数では、引数eventの「x属性」と「y属性」にアクセスして、その値をprint関数で表示しています。これはボタンが押されたときのマウスのX座標とY座標になります。

▶bind関数でラムダ式を使う

bind関数でもラムダ式を使えます。event_03.pyと（ほぼ）同じプログラムをbind関数とラムダ式で書いてみましょう。これは**リスト6**の「event_06.py」になります。

リスト6●「event_06.py」。bind関数とラムダ式を使う

```
import tkinter as tk
from tkinter import messagebox

def clicked(event, s):
  messagebox.showinfo('メッセージ', s)
  print(event.x, event.y)

root = tk.Tk()
root.title('イベントドリブン')
root.geometry('250x120')

# Buttonウィジェットの生成と配置
button_1 = tk.Button(
  root,
```

```
  text='ボタン1')
button_1.bind('<ButtonRelease-1>',
              lambda event:clicked(event, 'こんにちは！'))
button_1.pack(expand=True)

button_2 = tk.Button(
  root,
  text='ボタン2')
button_2.bind('<ButtonRelease-1>',
              lambda event:clicked(event, 'ありがとう！'))
button_2.pack(expand=True)

root.mainloop()
```

bind関数でラムダ式を使う

bind関数で指定するハンドラ関数には引数を持たせる必要がありますから、ラムダ式は次のようにしています。

```
lambda event:clicked(event, 'こんにちは！')

lambda event:clicked(event, 'ありがとう！')
```

eventが引数です。

ラムダ式の引数は「lambda」と「:」の間に記述します。引数が複数ある場合は、「,」で区切ります。

ハンドラ関数であるclicked関数は、この引数のeventを受け取れるように定義しています。

```
def clicked(event, s):
  messagebox.showinfo('メッセージ', s)
  print(event.x, event.y)
```

ここではeventのx属性とy属性にアクセスして、クリックされた、Buttonウィジェット内の座標を表示しています。

▶bind関数のaddオプション

bind関数には「addオプション」があります。これを使うと、1つのイベントに複数のハンドラ関数を設定できます。

リスト7の「event_07.py」は、addオプションを使うプログラムの例です。実行例を**図4**に示します。

リスト7●「event_07.py」。addオプションを使う

```
import tkinter as tk
from tkinter import messagebox

# ハンドラ関数その1
def clicked_1(event):
  print('clicked_1')

# ハンドラ関数その2
def clicked_2(event):
  print('clicked_2')

# ハンドラ関数その3
def clicked_3(event):
  print('clicked_3')

root = tk.Tk()
root.title('イベントドリブン')
root.geometry('250x120')

label_1 = tk.Label(
  root,
  text='ココをクリック')

# bind関数のaddオプションを使う
label_1.bind('<ButtonPress-1>', clicked_1)
label_1.bind('<ButtonPress-1>', clicked_2, add='+')
label_1.bind('<ButtonPress-1>', clicked_3, add='+')
label_1.pack(expand=True)

root.mainloop()
```

1つのイベントに設定する、複数のハンドラ関数を定義

addオプションで複数のハンドラ関数を設定

図4●event_07.pyの実行例

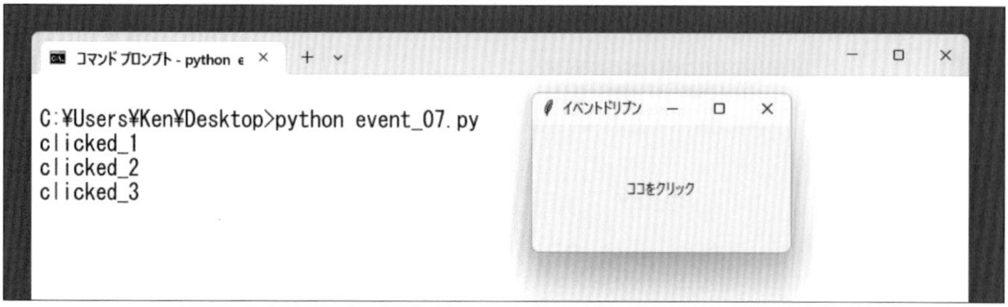

event_07.pyでは、3つのハンドラ関数（clicked_1関数、clicked_2関数、clicked_3関数）を定義しています。そして、bind関数のaddオプションを使って、Labelウィジェットで<ButtonPress-1>イベントが発生した場合のハンドラ関数として、それらを設定しています。

```
label_1.bind('<ButtonPress-1>', clicked_1)
label_1.bind('<ButtonPress-1>', clicked_2, add='+')
label_1.bind('<ButtonPress-1>', clicked_3, add='+')
```

このコードのように、addオプションに「'+'」を与えると、ハンドラ関数を追加で設定できるようになります。イベントが発生すると、設定された順番にハンドラ関数が実行されます。

複数ウィジェットにハンドラ関数を設定できるbind_class関数とbind_all関数

bind関数を使うことで、1つのウィジェットで発生するイベントにハンドラ関数を設定できました。一方、これとは別に用意されている「bind_class関数」と「bind_all関数」を使うと、複数のウィジェットにハンドラ関数を一括で設定できます。

■bind_class関数

bind_class関数を使うと、同じクラスから生成された複数のウィジェット、つまり、同種の複数のウィジェットにハンドラ関数を一括で設定できます。

bind_class関数の使い方は、次の通りです。

```
bind_class(クラス名, イベントの種類, ハンドラ関数, addオプション)
```

ハンドラ関数以外の引数は、文字列で指定します。

bind_class関数を使うプログラム例の「event_08.py」を**リスト8**に示します。実行例は**図5**です。

リスト8●「event_08.py」。bind_class関数を使う

```
import tkinter as tk

# ハンドラ関数
def clicked(event):
  event.widget['text'] = 'クリックしましたね'

root = tk.Tk()
root.title('イベントドリブン')
root.geometry('250x120')

# すべてのLabelウィジェットにハンドラ関数を設定
root.bind_class('Label',
                '<ButtonRelease-1>',
                clicked)

label_1 = tk.Label(
  root,
  text='ココをクリック')
label_1.pack(expand=True)

label_2 = tk.Label(
  root,
  text='ココをクリック')
label_2.pack(expand=True)

root.mainloop()
```

'Label'でlabel_1とlabel_2にハンドラ関数を設定できる

2つある「ココをクリック」のどちらをクリックしても、「クリックしましたね」に変わります。

図5●event_08.pyの実行例

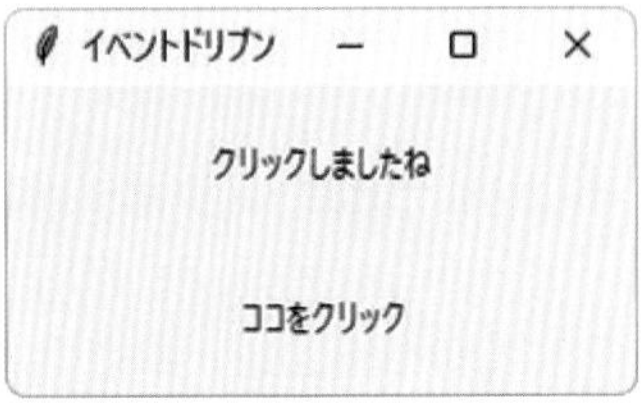

event_08.pyでは、Labelウィジェットを２つ作り、bind_class関数でそれらのハンドラ関数を設定しています。

```
root.bind_class('Label',
                '<ButtonRelease-1>',
                clicked)
```

'Label'のようにLabelウィジェットを指定することで、全Labelウィジェットのハンドラ関数を一括で設定できます。

ハンドラ関数のclicked関数の中では、引数eventが持つ「widget属性」のウィジェット（ここではLabelウィジェット）の「textキー」にアクセスすることで、クリックされたLabelウィジェットのテキストを「クリックしましたね」に変更しています。

Labelウィジェットのテキストは、textキーのデータとして保持されています。textキーにアクセスすることで、テキストを取得したり、変更したりできます。

■bind_all関数

bind_all関数は、親コンテナと親コンテナにあるすべてのウィジェットに、一括してハンドラ関数を設定できる関数です。

bind_all関数の使い方は、次の通りです。

親コンテナ.bind_all(イベントの種類, ハンドラ関数, addオプション)

リスト9の「event_09.py」では、bind_all関数を使って、親コンテナであるトップレベルウインドウと、トップレベルウインドウにあるすべてのウィジェット(Labelウィジェットと Button ウィジェット)にハンドラ関数を設定しています。実行例は**図6**です。

リスト9●「event_09.py」。bind_all関数を使う

```
import tkinter as tk

# ハンドラ関数
def clicked(event):
  if "text" in event.widget.keys():
    event.widget['text'] = 'クリックしましたね'
  if isinstance(event.widget, tk.Tk):
    print('ウインドウをクリックしました')

root = tk.Tk()
root.title('イベントドリブン')
root.geometry('250x120')

# すべてのウィジェットにハンドラ関数を設定
root.bind_all('<ButtonRelease-1>', clicked)

label_1 = tk.Label(
  root,
  text='ココをクリック')
label_1.pack(expand=True)

button_1 = tk.Button(
  root,
  text='ココをクリック')
button_1.pack(expand=True)

root.mainloop()
```

クリックされたウィジェットが
textキーを持つかどうかをチェック

クリックされたウィジェットがtk.Tkクラスの
インスタンスであるかどうかをチェック

図6●event_09.pyの実行例

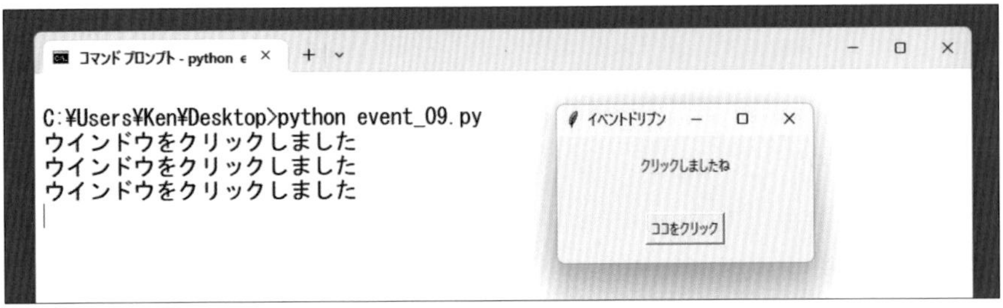

bind_all関数は次のように実行しています。

```
root.bind_all('<ButtonRelease-1>', clicked)
```

これで、ウインドウの内側のどこをクリックしても<ButtonRelease-1>イベントが発生し、ハンドラ関数のclicked関数が実行されます。

clicked関数の中では、引数eventが持つwidget属性のウィジェットがtextキーを持つかどうかを調べ（Labelウィジェットと Buttonウィジェットはtextキーを持ちます）、持つのであれば、ウィジェットのテキストを「クリックしましたね」に変更しています。その後、isinstance関数を使ってwidget属性のウィジェットが「tk.Tkクラス」のインスタンスかどうかを調べ、インスタンスであればトップレベルウインドウであるということなので、print関数で「ウインドウをクリックしました」と表示しています。

isinstance関数はPythonの組み込み関数です。「isinstance(オブジェクト, クラス)」と書いて使います。isinstance関数を使うと、指定したオブジェクトが指定したクラスまたはそのサブクラスのインスタンスかどうかを調べることができます。インスタンスであればTrueを、インスタンスでなければFalseを返します。

イベントの文字列のフォーマット

ここまで、'<ButtonRelease-1>'といった文字列でイベントの種類を記述してきましたが、実は、イベントの書き方には次のようなフォーマットがあります。

'<[修飾語句-]イベントの種類[-詳細]>'

[修飾語句-]と[-詳細]はなくても構いません。ここまで何回か使ってきた'<ButtonRelease-1>'であれば、[修飾語句-]はなく、イベントの種類は「ButtonRelease」で、[-詳細]は「-1」の部分です。

[修飾語句-]と[-詳細]の両方が付いたイベントの例を次に挙げましょう。

```
'<Control-KeyPress-c>'
```

これは「Controlキーを押しながらcキーが押された」というイベントになります。[修飾語句-]には、Control以外にもAlt（Altキー）を指定できます。また、[-詳細]には、c以外の英数記号キーも指定できます。

マウスに関連するイベントの例も挙げましょう。

```
'<Shift-ButtonRelease-1>'
```

これは「Shiftキーを押しながらマウスの左ボタンを押した後に離す」（Shiftキーを押しながら左クリックする）というイベントになります。マウスの場合、[-詳細]でボタンの種類を数字で指定します。左ボタンには1が、ホイールボタン（中ボタン）には2が、右ボタンには3が割り当てられています。

コラム 「閉じるボタン」がクリックされたことを検出する

アプリのウインドウにある「閉じるボタン」がユーザーによってクリックされたことを、プログラムで検出したい場合があります。

閉じるボタンが押されると、「WM_DELETE_WINDOW」というイベントが発生するのですが、bind関数ではこのイベントを扱えません。

代わりに、「protocol関数」を使います。protocol関数でWM_DELETE_WINDOWイベントが発生したときに、実行したいハンドラ関数を設定します。

リストAの「protocol_A.py」は、WM_DELETE_WINDOWイベントを使うプログラムです。実行結果は**図A**です。

リストA●「protocol_A.py」。WM_DELETE_WINDOW イベントを使う

```
import tkinter as tk

# ハンドラ関数
def close_button():
  print('プログラムを終了します')
  # destroy関数を実行してプログラムを終了する
  root.destroy()

root = tk.Tk()
root.title('閉じるボタン')
root.geometry('250x120')

# WM_DELETE_WINDOWイベントにハンドラ関数を設定
root.protocol('WM_DELETE_WINDOW', close_button)

root.mainloop()
```

図A●protocol_A.pyの実行結果

次のコードで、WM_DELETE_WINDOWイベントが発生したら、ハンドラ関数のclose_button関数を実行するように設定しています。

```
root.protocol('WM_DELETE_WINDOW', close_button)
```

close_button関数では、print関数で「プログラムを終了します」と表示した後、「root.destroy()」でプログラムを終了しています。このdestroy関数の実行がないと、閉じるボタンを押してもプログラムが終了しなくなるので、注意が必要です。

第5章 入力した名前を表示するアプリを作る

ウィジェットの配置とイベントドリブンがわかったところで、第2章で目標として掲げた次の機能を持つアプリ（入力した名前を表示するアプリ）を作成してみましょう。

テキストフィールドに名前を入力し、「表示」ボタンを押すと、メッセージボックスが出現して、入力された名前を表示する。

このアプリで使うウィジェットは**図1**のようになります。

図1●入力した名前を表示するアプリで使うウィジェット

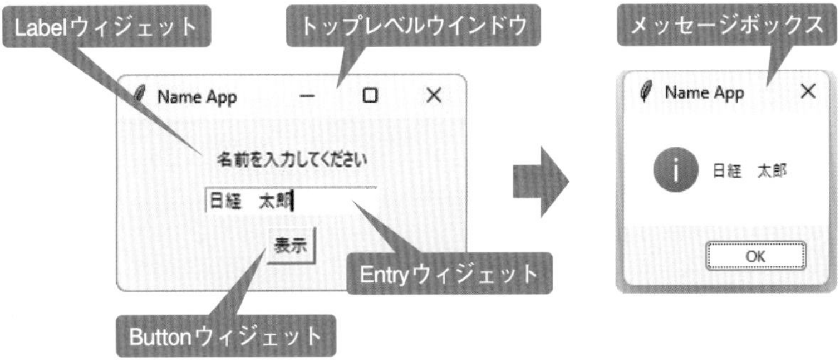

それでは、改めて各ウィジェットの使い方を説明します。

Labelウィジェット

Labelウィジェットは、テキスト（文字列）や画像を表示するウィジェットです。生成には「Label関数」（Labelクラスのコンストラクタ）を使います。Label関数の第1引数には親コンテナを指定し、他のオプションはキーワード引数で指定します。Labelウィジェットのテキストは「textオプション」で指定します。

Labelウィジェットの主なオプションを**表1**に示しましょう。

表1●Labelウィジェットの主なオプション

オプション	説明
anchor	Labelウィジェット内でのテキストの配置位置を指定
bgまたはbackground	背景色を指定
cursor	マウスホバー時のカーソルを指定
fgまたはforeground	文字色を指定
font	テキストのフォントを指定
relief	枠(境界線)のデザインを指定
bdまたはborderwidth	枠(境界線)の幅を指定
justify	複数行テキストの寄せ位置を指定
text	表示するテキストを指定
image	表示する画像を指定
padx	ウィジェットの左右の枠とテキストとの余白を指定
pady	ウィジェットの上下の枠とテキストとの余白を指定
width	ウィジェットの幅を指定
height	ウィジェットの高さを指定
textvariable	値を取得、設定するためのウィジェット変数を指定

リスト1の「label_01.py」は、Labelウィジェットを表示するプログラムの例です。実行結果は**図2**になります。

リスト1●「label_01.py」。Labelウィジェットを表示するプログラムの例

```
import tkinter as tk

root = tk.Tk()
root.title('Label Test')
root.geometry('250x150')

# Labelウィジェットを生成
label_1 = tk.Label(
  root,                    # 第1引数で親コンテナ(root)を指定
  text='ラベルのテスト')   # textオプションでテキストを指定
```

```
label_1.pack(expand=True)

root.mainloop()
```

図2●label_01.pyの実行結果

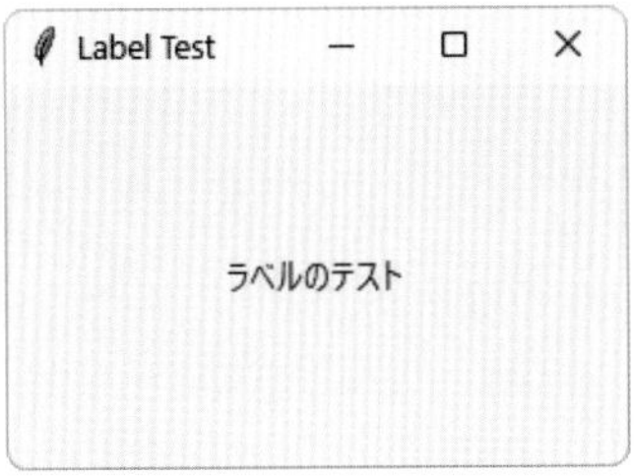

▶枠を付ける

「reliefオプション」を使うと、Labelウィジェットに指定した種類の枠（境界線）を付けることができます。reliefオプションに設定できる値（枠の種類）を**表2**に示します。

表2●Labelウィジェットのreliefオプションに設定できる値

枠の種類の値	説明
'flat'またはtkinter.FLAT	平坦
'groove'またはtkinter.GROOVE	凹み枠
'raised'またはtkinter.RAISED	出っ張り
'ridge'またはtkinter.RIDGE	出っ張り枠
'solid'またはtkinter.SOLID	実線
'sunken'またはtkinter.SUNKEN	凹み

リスト2の「label_02.py」は、reliefオプションを使うプログラムの例です。実行結果は**図3**になります。

リスト2●「label_02.py」。Labelウィジェットのreliefオプションを使うプログラムの例

```
import tkinter as tk

root = tk.Tk()
root.title('Label Test')
root.geometry('400x50')

# ウィジェットの数
WIDGET_MAX = 6

# reliefオプションに設定できる値のタプル
border_name = ('flat', 'solid', 'groove',
               'raised', 'ridge', 'sunken')

labels = [
  tk.Label(
    root,
    text=border_name[num],
    relief=border_name[num])
  for num in range(WIDGET_MAX)]

# 各行の割合を指定
root.rowconfigure(0, weight=1)

# 各列の割合を指定し、Labelウィジェットを配置
for num in range(WIDGET_MAX):
  root.columnconfigure(num, weight=1)
  labels[num].grid(column=num, row=0)

root.mainloop()
```

図3で示している6種類の枠

図3●label_02.pyの実行結果

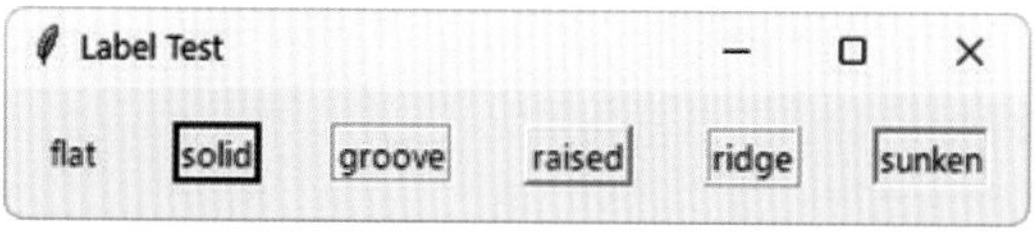

図3を見ると、表2で示した枠の種類を指定することで、Labelウィジェットの枠の見た目がどのように変わるのかがわかります。

▶色を変更する

「bg（またはbackground）オプション」や「fg（またはforeground）オプション」を使うと、Labelウィジェットの色を設定できます。文字色はfg（foreground）オプションで、文字の背景色はbg（background）オプションで指定します。

色の指定は「'red'」や「'green'」、「'blue'」といった、用意されている「色名」を使う方法と、「'#RRGGBB'」のようにRGB値で表現する方法があります。

> RGB値では光の三原色（赤=Red、緑=Green、青=Blue）で色を表現します。'#RRGGBB'は、RGBの各成分を0～255の値の16進数表記で記述する形式です。約1677万色の表現が可能です。

リスト3の「label_03.py」は、Labelウィジェットに色を付けるプログラムの例です。実行結果は**図4**になります。

リスト3●「label_03.py」。Labelウィジェットに色を付けるプログラムの例

```
import tkinter as tk

root = tk.Tk()
root.title('Label Test')
root.geometry('250x100')

WIDGET_MAX = 3

# 色名のタプル
color_name = ('red', 'green', 'blue')

# RGB値のタプル
rgb_value = ('#ff0000', '#00ff00', '#0000ff')

labels_1 = [
  tk.Label(
    root,
    text=color_name[num],
    bg=color_name[num])   # 背景色の色名を指定
  for num in range(WIDGET_MAX)]
```

color_name → labels_1で利用

rgb_value → labels_2で利用

labels_1 = […] → 3つのLabelウィジェットを生成

```
labels_2 = [
  tk.Label(
    root,
    text=rgb_value[num],
    fg=rgb_value[num])   # 文字色のRGB値を指定
  for num in range(WIDGET_MAX)]

root.rowconfigure(0, weight=1)
root.rowconfigure(1, weight=1)

for num in range(WIDGET_MAX):
  root.columnconfigure(num, weight=1)
  labels_1[num].grid(column=num, row=0)
for num in range(WIDGET_MAX):
  root.columnconfigure(num, weight=1)
  labels_2[num].grid(column=num, row=1)

root.mainloop()
```

3つのLabel
ウィジェットを生成

図4●label_03.pyの実行結果

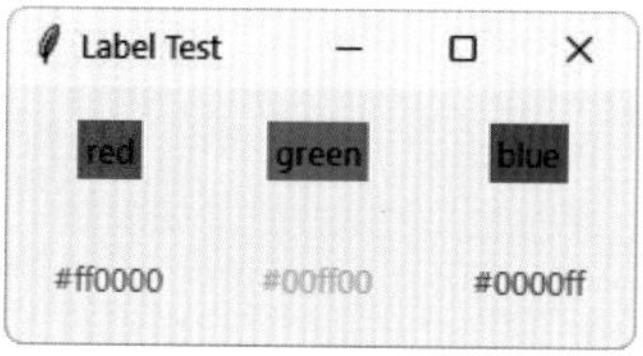

label_03.pyでは、上にある3つのLabelウィジェットの背景色を'red'、'green'、'blue'に、下にある3つのLabelウィジェットの文字色を'#ff0000'、'#00ff00'、'#0000ff'にしています。

ちなみに、'red'に割り当てられたRGB値は'#ff0000'で、'blue'に割り当てられたRGB値も'#0000ff'ですが、'green'に割り当てられたRGB値は'#008000'で、少し暗い緑になっています。

▶サイズや配置を決める

Labelウィジェットの幅と高さは、「widthオプション」（幅）と「heightオプション」（高さ）で設定できます。また、「anchorオプション」や「padxオプション」、「padyオプション」を使うと、Labelウィジェット内でのテキストの配置を設定できます。

Labelウィジェットのanchorオプションは、ウィジェット内のどの位置にテキストを表示するのかを決めるためのものです。**図5**のような'center'（中央）や方向を表す値（'n'や's'など）で位置を指定します。

図5●Labelウィジェットのanchorオプションに設定できる値

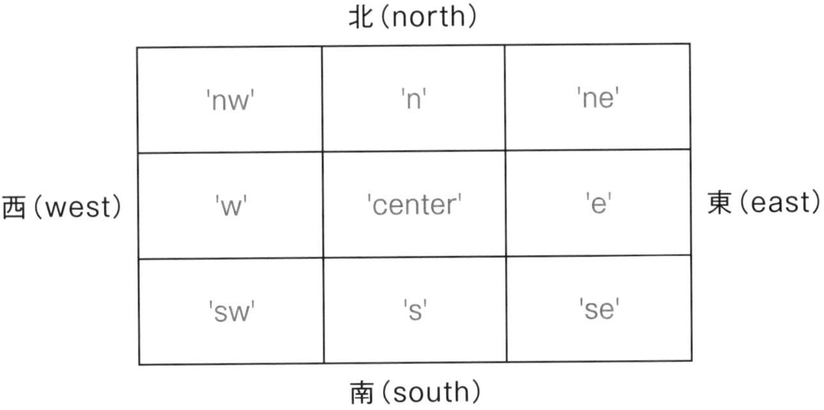

padxオプションとpadyオプションは、ウィジェットの枠とテキストとの間にある余白の大きさを決めるのに使います。

リスト4の「label_04.py」は、サイズや配置を決めるオプションの利用例です。実行結果は**図6**になります。

リスト4●「label_04.py」。Labelウィジェットのサイズや配置を決めるオプションの利用例

```
import tkinter as tk

root = tk.Tk()
root.title('Label Test')
root.geometry('400x250')

WIDGET_MAX = 3

# サイズと文字位置を指定して
# Labelウィジェットを生成
labels = [
  tk.Label(
```

```
    root,
    text='width=25, height=2',
    relief='solid',
    width=25,
    height=2),

  tk.Label(
    root,
    text='anchor=¥'n¥'',
    relief='solid',
    anchor='n',
    width=25,
    height=4),

  tk.Label(
    root,
    text='padx=100, pady=20',
    relief='solid',
    padx=100,
    pady=20)]

root.columnconfigure(0, weight=1)

for num in range(WIDGET_MAX):
  root.rowconfigure(num, weight=1)
  labels[num].grid(column=0, row=num)

root.mainloop()
```

図6●label_04.pyの実行結果

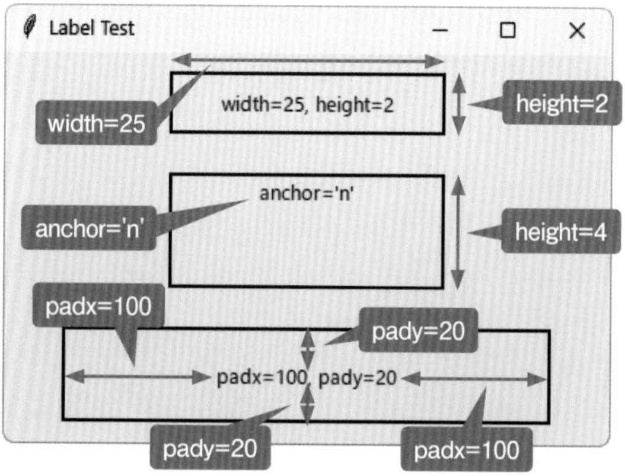

▶複数行の配置位置

「justify オプション」を使うと、テキストが複数行の場合に、テキストを寄せる方向を設定できます。デフォルトは'center'（中央）です。'left'か'right'を指定できます。

リスト5の「label_05.py」は、justify オプションを利用するプログラムの例です。実行結果は**図7**になります。

リスト5●「label_05.py」。Labelウィジェットのjustifyオプションを利用するプログラムの例

```
import tkinter as tk

root = tk.Tk()
root.title('Label Test')
root.geometry('250x150')

WIDGET_MAX = 3

labels = [
  tk.Label(
    root,
    text='テキスト1行目¥n2行目',
    relief='solid'),

  tk.Label(
    root,
    text='テキスト1行目¥n2行目',
    relief='solid',
    justify='left'),

  tk.Label(
    root,
    text='テキスト1行目¥n2行目',
    relief='solid',
    justify='right')]

root.columnconfigure(0, weight=1)

for num in range(WIDGET_MAX):
  root.rowconfigure(num, weight=1)
  labels[num].grid(column=0, row=num)

root.mainloop()
```

（relief='solid'), の行に対して）justifyオプションの指定がないのでデフォルトの中央寄せになる

（justify='left'), の行に対して）左寄せにする

（justify='right')] の行に対して）右寄せにする

図7●label_05.pyの実行結果

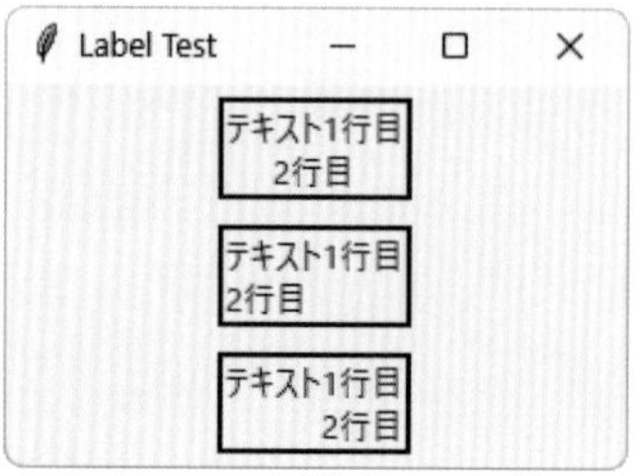

文字のフォントを設定する

ウィジェットに表示する文字のフォントは重要です。フォントの種類や大きさで、アプリの使いやすさが変わるからです。

Tkinterは、フォントを扱うために「Fontクラス」を用意しています。Labelウィジェットであれば、Label関数の「fontオプション」に、“Fontクラスのオブジェクト”を指定することで、フォントを設定できます。

この“Fontクラスのオブジェクト”は、Font関数を使って、次のように生成します。

```
Fontクラスのオブジェクト =
  font.Font(
    family='MS P明朝',
    weight='bold',
    size=20,
    slant='italic',
    underline=True,
    overstrike=True)
```

Font関数の主なオプションは**表3**の通りです。

表3●Font関数の主なオプション

オプション	説明
family	フォント名を指定。ただし、指定できるのはパソコンにインストールされているフォントのみ
size	サイズを数値で指定
weight	太字にする場合は'bold'を指定
slant	斜体にする場合は'italic'を指定
underline	下線を付ける場合はTrueを指定
overstrike	取消線を付ける場合はTrueを指定

「familyオプション」で指定できるフォントは、パソコンにインストールされているものだけです。また、フォント名の記述では、大文字、小文字、全角、半角、空白の有無も区別されるので注意しましょう。

リスト6の「font.py」は、フォントを指定するプログラムの例です。実行結果は**図8**になります。

リスト6●「font.py」。フォントを指定するプログラムの例

```
import tkinter as tk
from tkinter import font

root = tk.Tk()
root.title('Font Test')
root.geometry('250x250')

WIDGET_MAX = 3

# Fontクラスのオブジェクトを生成
fonts = [
    font.Font(                    ─┐
        size=18),                 ─┘─(1)
    font.Font(                    ─┐
        family='System'),         ─┘─(2)
    font.Font(                    ─┐
        family='ＭＳ Ｐ明朝',       │
        weight='bold',             ├─(3)
        size=20,                   │
```

```
    slant='italic',
    underline=True,          ─(3)
    overstrike=True)
]

labels = [
  tk.Label(
    root,
    text='フォントテスト¥nABCD',
    font=fonts[num])
  for num in range(WIDGET_MAX)]

root.columnconfigure(0, weight=1)

for num in range(WIDGET_MAX):
  root.rowconfigure(num, weight=1)
  labels[num].grid(column=0, row=num)

root.mainloop()
```

図8●font.pyの実行結果

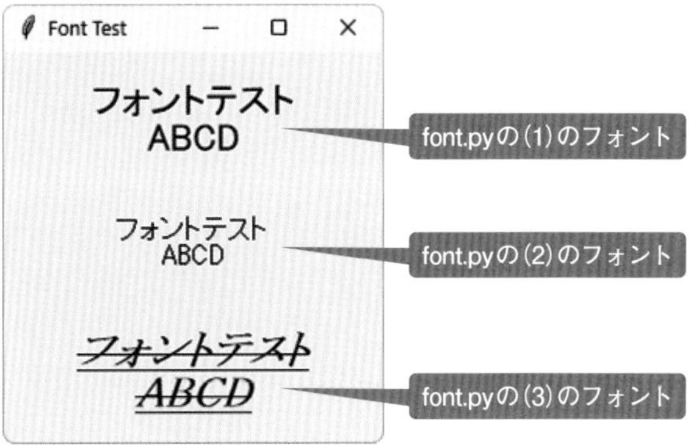

パソコンにどのようなフォントがインストールされているのかわからないが、とにかくフォントのサイズを大きくしたい、ということがあります。その場合は、font.pyの（1）のようにsizeオプションだけを指定して、Fontクラスのオブジェクトを生成すればよいのです。

Entryウィジェット

Entryウィジェットは、1行分の入力スペースを持つテキストフィールドです。第1引数に親コンテナを指定して、Entry関数で生成します。Entryウィジェットの主なオプションを**表4**に示します。

表4●Entryウィジェットの主なオプション

オプション	説明
bgまたはbackground	背景色を指定
bdまたはborderwidth	枠(境界線)の幅を指定
cursor	マウスホバー時のカーソルを指定
fgまたはforeground	入力文字の色を指定
font	文字のフォントを指定
justify	テキストの入力位置を指定
relief	枠(境界線)のデザインを指定
show	入力文字の代わりに表示する文字を指定
state	有効/無効の状態を指定
width	幅を文字単位で指定
textvariable	値を取得、設定するためのウィジェット変数を指定

リスト7の「entry.py」は、Entryウィジェットを表示するプログラムの例です。実行結果は**図9**になります。

リスト7●「entry.py」。Entryウィジェットを表示するプログラムの例

```
import tkinter as tk

root = tk.Tk()
root.geometry('250x100')
root.title('Entry Test')

# Entryウィジェットの生成と配置
entry_1 = tk.Entry(root, width=20)
```

```
entry_1.pack(expand=True)

root.mainloop()
```

図9●entry.pyの実行結果

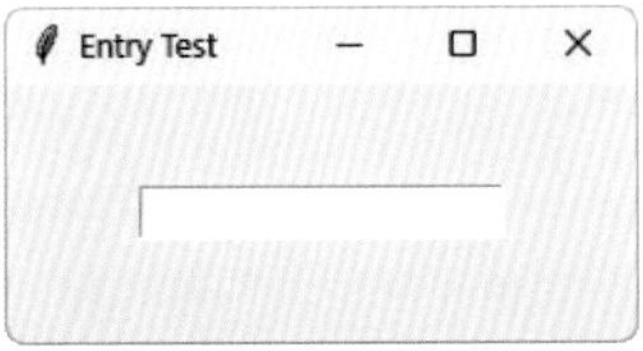

entry.pyでは、widthオプションに20を設定し、Entryウィジェットの入力スペースの幅を20文字分にしています。

▶showオプションでパスワード入力用にする

「showオプション」を利用すると、パスワード入力用のEntryウィジェットを生成できます。例えば、showオプションを'*'にすると、入力した文字が「*」で表示されます。

entry.pyのEntry関数にある「width=20」の後ろに「, show='*'」を追加して実行し、適当な文字を入力してみましょう。**図10**のように表示されます。

図10●入力した文字が「*」で表示される

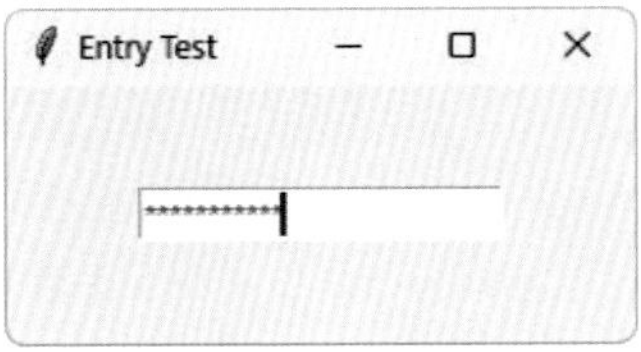

▶Entryウィジェットの関数

Entryウィジェットには、入力されたテキストを取得する「get関数」やEntryウィジェットにテキストを挿入する「insert関数」、入力されたテキストを削除する「delete関数」が用意されています。これらの関数の概要を**表5**に示します。

表5●Entryウィジェットの「get関数」、「insert関数」、「delete関数」の概要

関数	説明
get()	入力されたテキストを取得する
insert(index, string)	テキストを挿入する index：挿入する文字の位置 indexには次の値を指定できる tkinter.INSERT：挿入カーソルのある位置 tkinter.CURRENT：マウスポインターに一番近い位置 tkinter.END：最後の文字の次の位置 tkinter.SEL_FIRST：選択範囲の最初 tkinter.SEL_LAST：選択範囲の最後 string：挿入したい文字列
delete(first, last)	入力されたテキストを削除する first：削除開始位置、last：削除終了位置

このうち、頻繁に使うことになるのはget関数でしょう。

Buttonウィジェット

Buttonウィジェットは、その名前の通りボタンのウィジェットです。すでに第4章で何度も出てきましたから、説明は**表6**の主なオプションの提示に留めます。

表6●Buttonウィジェットの主なオプション

オプション	説明
anchor	ウィジェット内でのテキストの配置位置を指定
activeforeground	クリック時の文字色を指定
activebackground	クリック時の背景色を指定
bgまたはbackground	背景色を指定
command	クリック時に実行するハンドラ関数を指定
cursor	マウスホバー時のカーソルを指定
fgまたはforeground	文字色を指定
font	テキストのフォントを指定
padx	ウィジェットの左右の枠とテキストとの余白を指定
pady	ウィジェットの上下の枠とテキストとの余白を指定
relief	枠(境界線)のデザインを指定
justify	複数行テキストの寄せ位置を指定
text	表示するテキストを指定
image	表示する画像を指定
state	有効/無効の状態を指定
width	ウィジェットの幅を指定
height	ウィジェットの高さを指定

メッセージボックス

メッセージボックスもすでに登場していますね。tkinter.messageboxモジュールをインポートするだけで、プログラムのどこででもすぐに表示できます。とても使い勝手が良いと言えます。

メッセージボックスは8種類あり、それぞれ**表7**の関数で表示できます。各メッセージボックスはアイコンやボタン、戻り値が異なります。いずれの関数も、第1引数にメッセージボックスのタイトルを、第2引数にメッセージを、文字列で指定します。

表7●メッセージボックスを表示する関数

関数	説明	戻り値
showinfo関数	情報	'ok'
showwarning関数	警告	'ok'
showerror関数	エラー	'ok'
askyesno関数	はい、いいえ	True、False
askquestion関数	はい、いいえ	'yes'、'no'
askokcancel関数	OK、キャンセル	True、False
askretrycancel関数	再試行、キャンセル	True、False
askyesnocancel関数	はい、いいえ、キャンセル	True、False、None

リスト8の「messagebox.py」は、8種類のメッセージボックスを表示するプログラムです。print関数で戻り値も表示します。実行結果は**図11**になります。

リスト8●「messagebox.py」。8種類のメッセージボックスを表示するプログラム

```
import tkinter as tk
from tkinter import messagebox

r = messagebox.showinfo('showinfo', '情報')
print(r)
r = messagebox.showwarning('showwarning', '警告')
print(r)
r = messagebox.showerror('showerror', 'エラー')
print(r)
r = messagebox.askyesno('askyesno', 'はい、いいえ')
print(r)
r = messagebox.askquestion('askquestion', 'はい、いいえ')
print(r)
r = messagebox.askokcancel('askokcancel', 'OK、キャンセル')
print(r)
r = messagebox.askretrycancel('askretrycancel', '再試行、キャンセル')
print(r)
r = messagebox.askyesnocancel('askyesnocancel', 'はい、いいえ、キャ
ンセル')
print(r)
```

図11●messagebox.pyの実行結果

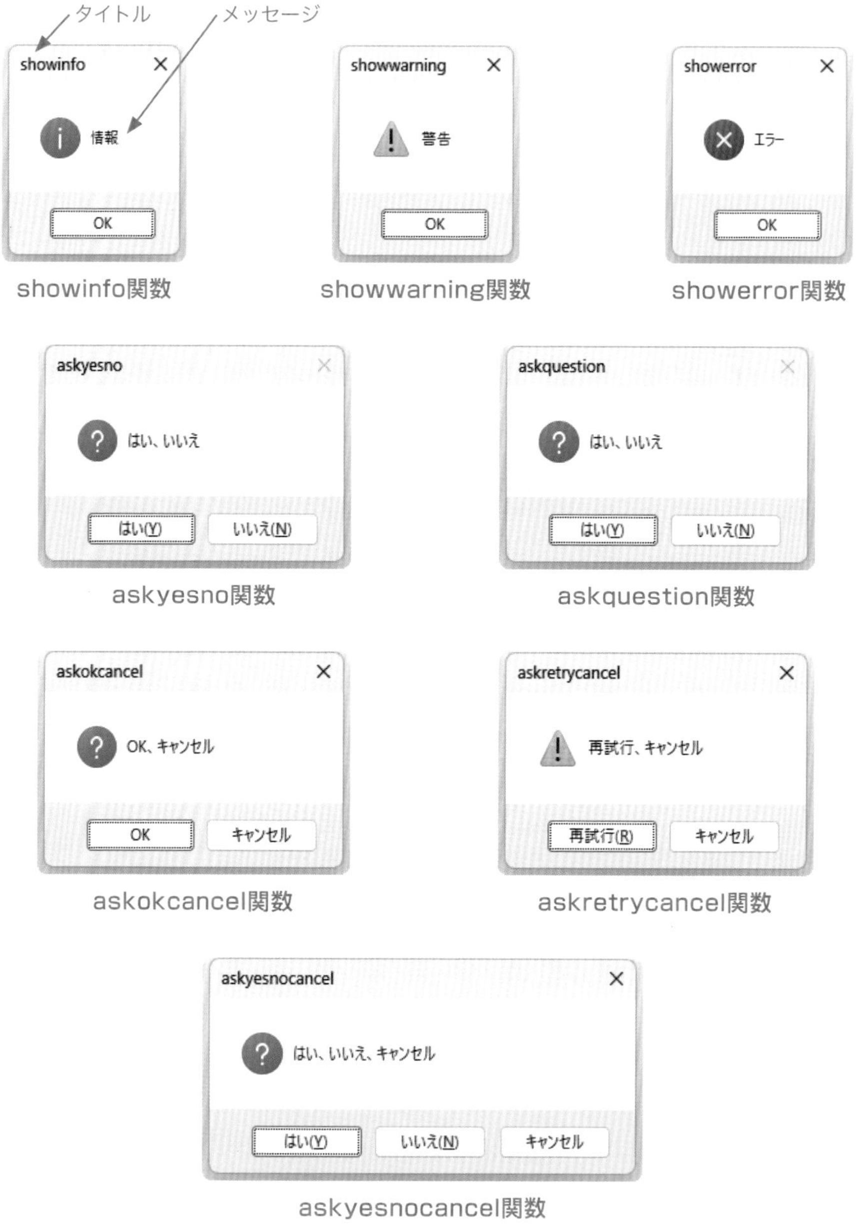

入力した名前を表示するアプリ

ここまでで各ウィジェットを一通り説明しましたから、「入力した名前を表示するアプリ」の作成はもはや簡単でしょう。プログラムは**リスト9**の「name_app.py」のようになります。実行すると、前述の図1のアプリが動きます。Entryウィジェットに名前を入力して「表示」ボタンを押すと、メッセージボックスに入力した名前が表示されます。

リスト9●「name_app.py」。入力した名前を表示するアプリのプログラム

```
import tkinter as tk
from tkinter import messagebox

# ハンドラ関数
def clicked():
  messagebox.showinfo('Name App', entry_1.get())

# トップレベルウインドウの生成
root = tk.Tk()
root.geometry('250x120')
root.title('Name App')

# Labelウィジェットの生成
label_1 = tk.Label(
  root,
  text='名前を入力してください')

# Entryウィジェットの生成
entry_1 = tk.Entry(
  root,
  width=20)

# Buttonウィジェットの生成
button_1 = tk.Button(
  root,
  text='表示',
  command=clicked)

# 各列の割合を指定
```

入力されたテキストを取得

```
root.columnconfigure(0, weight=1)

# 各行の割合を指定
root.rowconfigure(0, weight=1)
root.rowconfigure(1, weight=1)
root.rowconfigure(2, weight=1)

# grid関数で配置
label_1.grid(column=0, row=0, sticky='s')
entry_1.grid(column=0, row=1)
button_1.grid(column=0, row=2, sticky='n')

# トップレベルウインドウの表示
root.mainloop()
```

name_app.pyでは、Entryウィジェットに入力されたテキストを「get関数」で取得し、メッセージボックスを表示するshowinfo関数の第2引数に与えています。

コラム 利用できるフォントを調べる

Tkinterで利用できるフォントは、tkinter.fontモジュールの「families関数」で調べられます。この関数を使う**リストA**の「font_families.py」を実行してみてください。パソコンにインストールされているすべてのフォントが表示されます。

リストA●「font_families.py」。Tkinterで利用できるフォントの一覧を表示するプログラム

```
import tkinter as tk
from tkinter import font

root = tk.Tk()
fonts = font.families()
print(fonts)
print(len(fonts)) # フォントの数を表示
```

参考までに、筆者のWindows環境での実行結果は**図A**、macOS環境での実行結果は**図B**のようになりました。

図A●font_families.pyのWindows環境での実行例

コマンド プロンプト

```
('System', '@System', 'Terminal', '@Terminal', 'FixedSys', '@FixedSys', 'Modern'
, 'Roman', 'Script', 'Courier', 'MS Serif', 'MS Sans Serif', 'Small Fonts', '@Sm
all Fonts', 'David CLM', 'Nachlieli CLM', 'Frank Ruhl Hofshi', 'Miriam Libre', '
Marlett', 'Arial', 'Arabic Transparent', 'Arial Baltic', 'Arial CE', 'Arial CYR'
, 'Arial Greek', 'Arial TUR', 'Arial Black', 'Bahnschrift Light', 'Bahnschrift S
emiLight', 'Bahnschrift', 'Bahnschrift SemiBold', 'Bahnschrift Light SemiCondens
ed', 'Bahnschrift SemiLight SemiConde', 'Bahnschrift SemiCondensed', 'Bahnschrif
t SemiBold SemiConden', 'Bahnschrift Light Condensed', 'Bahnschrift SemiLight Co
ndensed', 'Bahnschrift Condensed', 'Bahnschrift SemiBold Condensed', 'Calibri',
'Calibri Light', 'Cambria', 'Cambria Math', 'Candara', 'Candara Light', 'Comic S
ans MS', 'Consolas', 'Constantia', 'Corbel', 'Corbel Light', 'Courier New', 'Cou
rier New Baltic', 'Courier New CE', 'Courier New CYR', 'Courier New Greek', 'Cou
rier New TUR', 'Ebrima', 'Franklin Gothic Medium', 'Gabriola', 'Gadugi', 'Georgi
a', 'Impact', 'Ink Free', 'Javanese Text', 'Leelawadee UI', 'Leelawadee UI Semil
ight', 'Lucida Console', 'Lucida Sans Unicode', 'Malgun Gothic', '@Malgun Gothic
', 'Malgun Gothic Semilight', '@Malgun Gothic Semilight', 'Microsoft Himalaya',
'Microsoft JhengHei', '@Microsoft JhengHei', 'Microsoft JhengHei UI', '@Microsof
t JhengHei UI', 'Microsoft JhengHei Light', '@Microsoft JhengHei Light', 'Micros
oft JhengHei UI Light', '@Microsoft JhengHei UI Light', 'Microsoft New Tai Lue',
 'Microsoft PhagsPa', 'Microsoft Sans Serif', 'Microsoft Tai Le', 'Microsoft YaH
ei', '@Microsoft YaHei', 'Microsoft YaHei UI', '@Microsoft YaHei UI', 'Microsoft
 YaHei Light', '@Microsoft YaHei Light', 'Microsoft YaHei UI Light', '@Microsoft
 YaHei UI Light', 'Microsoft Yi Baiti', 'MingLiU-ExtB', '@MingLiU-ExtB', 'PMingL
iU-ExtB', '@PMingLiU-ExtB', 'MingLiU_HKSCS-ExtB', '@MingLiU_HKSCS-ExtB', 'Mongol
ian Baiti', 'ＭＳ ゴシック', '@ＭＳ ゴシック', 'MS UI Gothic', '@MS UI Gothic',
```

図B●font_families.pyのmacOS環境での実行例

デスクトップ — bash — 80×24

```
('Academy Engraved LET', 'Adelle Sans Devanagari', 'AkayaKanadaka', 'AkayaTelivi
gala', 'Al Bayan', 'Al Nile', 'Al Tarikh', 'American Typewriter', 'Andale Mono',
 'Annai MN', 'Apple Braille', 'Apple Chancery', 'Apple Color Emoji', 'Apple LiGo
thic', 'Apple LiSung', 'Apple SD Gothic Neo', 'Apple Symbols', 'AppleGothic', 'A
ppleMyungjo', 'Arial', 'Arial Black', 'Arial Hebrew', 'Arial Hebrew Scholar', 'A
rial Narrow', 'Arial Rounded MT Bold', 'Arial Unicode MS', 'Arima Koshi', 'Arima
 Madurai', 'Avenir', 'Avenir Next', 'Avenir Next Condensed', 'Ayuthaya', 'Baghda
d', 'Bai Jamjuree', 'Baloo 2', 'Baloo Bhai 2', 'Baloo Bhaijaan', 'Baloo Bhaina 2
', 'Baloo Chettan 2', 'Baloo Da 2', 'Baloo Paaji 2', 'Baloo Tamma 2', 'Baloo Tam
mudu 2', 'Baloo Thambi 2', 'Bangla MN', 'Bangla Sangam MN', 'Baoli SC', 'Baoli T
C', 'Baskerville', 'Beirut', 'BiauKaiHK', 'BiauKaiTC', 'Big Caslon', 'BM Dohyeon
', 'BM Hanna 11yrs Old', 'BM Hanna Air', 'BM Hanna Pro', 'BM Jua', 'BM Kirang Ha
erang', 'BM Yeonsung', 'Bodoni 72', 'Bodoni 72 Oldstyle', 'Bodoni 72 Smallcaps',
 'Bodoni Ornaments', 'Bradley Hand', 'Brush Script MT', 'Cambay Devanagari', 'Ch
akra Petch', 'Chalkboard', 'Chalkboard SE', 'Chalkduster', 'Charm', 'Charmonman'
, 'Charter', 'Cochin', 'Comic Sans MS', 'Copperplate', 'Corsiva Hebrew', 'Courie
r New', 'Damascus', 'DecoType Naskh', 'Devanagari MT', 'Devanagari Sangam MN', '
Didot', 'DIN Alternate', 'DIN Condensed', 'Diwan Kufi', 'Diwan Thuluth', 'Euphem
ia UCAS', 'Fahkwang', 'Farah', 'Farisi', 'Futura', 'Galvji', 'GB18030 Bitmap', '
Geeza Pro', 'Geneva', 'Georgia', 'Gill Sans', 'Gotu', 'Grantha Sangam MN', 'Guja
rati MT', 'Gujarati Sangam MN', 'GungSeo', 'Gurmukhi MN', 'Gurmukhi MT', 'Gurmuk
hi Sangam MN', 'Hannotate SC', 'Hannotate TC', 'HanziPen SC', 'HanziPen TC', 'He
adLineA', 'Hei', 'Helvetica', 'Helvetica Neue', 'Herculanum', 'Hoefler Text', 'H
ubballi', 'Impact', 'InaiMathi', 'ITF Devanagari', 'ITF Devanagari Marathi', 'Ja
```

第6章 そのほかの基礎事項

ここまでで言及していない基礎事項をいくつか説明します。

アプリをクラス化する

本書では採用していませんが、アプリをクラス化する流儀があります。規模の大きなアプリを作る場合や、アプリのバージョンアップを繰り返したい場合は、クラス化しておくとプログラミングの効率が上がるでしょう。

第5章で作成した「入力した名前を表示するアプリ」をクラス化する流儀で作ると、**リスト1**の「name_app_class.py」のようになります。

リスト1●「name_app_class.py」。クラス化する流儀で作ったプログラム

```
import tkinter as tk
from tkinter import messagebox

# Applicationクラスの定義
# Tkクラスを親クラスとする
class Application(tk.Tk):

  # Applicationクラスのコンストラクタ
  def __init__(self):
    # 親クラスのコンストラクタを実行
    super().__init__()

    self.geometry("250x120")
    self.title("Name App")

    # Labelウィジェットの生成
    self.label_1 = tk.Label(
      self,
      text='名前を入力してください')

    # Entryウィジェットの生成
```

トップレベルウインドウ(tk.Tk)を親クラスとするApplicationクラスを定義

```
    self.entry_1 = tk.Entry(
      self,
      width=20)

    # Buttonウィジェットの生成
    self.button_1 = tk.Button(
      self,
      text='表示',
      command=self.clicked)

    # 各列の割合を指定
    self.columnconfigure(0, weight=1)

    # 各行の割合を指定
    self.rowconfigure(0, weight=1)
    self.rowconfigure(1, weight=1)
    self.rowconfigure(2, weight=1)

    # grid関数で配置
    self.label_1.grid(column=0, row=0, sticky='s')
    self.entry_1.grid(column=0, row=1)
    self.button_1.grid(column=0, row=2, sticky='n')

  def clicked(self):
    messagebox.showinfo('Name App', self.entry_1.get())

# Applicationクラスのインスタンスを生成
app = Application()
app.mainloop()
```

name_app_class.pyでは、トップレベルウインドウ（tk.Tk）を親クラスとする「Applicationクラス」を定義しています。これがアプリのクラスです。

親クラスをFrameウィジェットの「Frameクラス」にする流儀もあります。

Applicationクラスでは、コンストラクタである「__init__関数」の中で、親クラスのコンストラクタを「super().__init__()」で呼び出し、その後、ウィジェットを作成しています。ウィジェットの作成では、親コンテナとして、自分自身（インスタンス自身）を表す「self」（これは__init__関数の第1引数です）を指定します。

ハンドル関数もApplicationクラスの関数（メソッド）として定義します。なお、クラスの関数の第1引数は、インスタンス自身を表す「self」にするのがPythonのルールです。

self以外の名前でも構いませんが、selfにするのがPythonの慣習です。

トップレベルウインドウを継承するApplicationクラスの定義が終わったら、インスタンスを生成し、そのインスタンスでmainloop関数を実行します。

ウィジェットが持つ属性の設定方法

ウィジェットは様々な属性を持ちます。ここまでは、ウィジェットのコンストラクタが持つオプションを使って、それらの属性に値を設定してきました。

実は、Tkinterでは、コンストラクタのオプションだけではなく、様々な方法で属性の値を設定できます。ここではそれらを紹介しましょう。

▶辞書にまとめてcnfオプションに設定する

属性とその値を辞書にまとめて、コンストラクタの「cnfオプション」に渡す方法があります。この方法でLabelウィジェットを作成するプログラムの「option_01.py」を**リスト2**に示します。実行結果は**図1**です。

リスト2●「option_01.py」。cnfオプションを使って属性を設定するプログラム

```
import tkinter as tk

root = tk.Tk()
root.title('Option Test')
root.geometry('250x120')

# 属性とその値を辞書にまとめる
```

```
option = {
  'text': 'ウィジェットの属性',
  'relief': 'sunken',
  'padx': 10,
  'pady': 10 }

# ウィジェットを生成
label_1 = tk.Label(
  root,
  cnf=option) # 辞書をcnfオプションに渡す

label_1.pack(expand=True)

root.mainloop()
```

図1●option_01.pyの実行結果

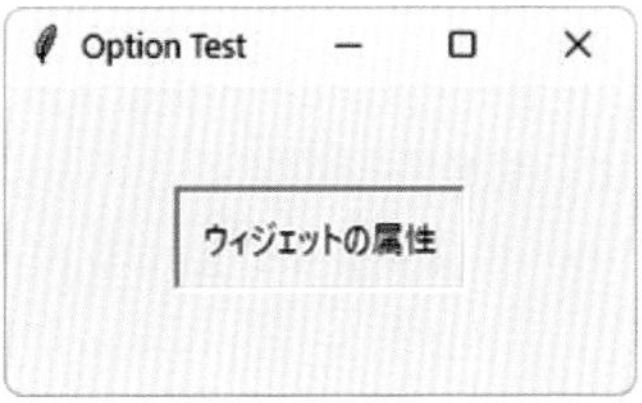

▶キーで設定する

ウィジェットの生成後に属性の値を設定、変更したいときは、「キー」で属性にアクセスする方法を利用できます。例えば、option_01.pyのLabelウィジェットのtext属性にアクセスするのであれば、「label_1['text']」と書きます。

option_01.pyを、キーで属性にアクセスする方法で書き直すと、**リスト3**の「option_02.py」になります。

リスト3●「option_02.py」。キーでウィジェットの属性にアクセスするプログラム

```
import tkinter as tk

root = tk.Tk()
root.title('Option Test')
root.geometry('250x120')
```

```
# ウィジェットを生成
label_1 = tk.Label(root)

# ウィジェットを配置
label_1.pack(expand=True)

# キーで属性を指定して値を設定する
label_1['text'] = 'ウィジェットの属性'
label_1['relief'] = 'sunken'
label_1['padx'] = 10
label_1['pady'] = 10

root.mainloop()
```

option_02.pyでは、ウィジェットの生成、配置後に、キーでアクセスして属性を設定しています。

▶ config関数/configure関数で設定する

config関数またはconfigure関数を使っても、生成後のウィジェットの属性を設定、変更できます。設定、変更したい属性をconfig関数またはconfigure関数のオプションで指定します。

option_01.pyを、config関数を使う方法で書き直すと、**リスト4**の「option_03.py」になります。configの部分をconfigureに変えても、全く同じように動きます。

リスト4●「option_03.py」。config関数を使うプログラム

```
import tkinter as tk

root = tk.Tk()
root.title('Option Test')
root.geometry('250x120')

# ウィジェットを生成
label_1 = tk.Label(root)

# ウィジェットを配置
```

```
label_1.pack(expand=True)

# config関数で属性に値を設定
label_1.config(text='ウィジェットの属性',
               relief='sunken',
               padx=10,
               pady=10)

root.mainloop()
```

また、option_01.pyのように、属性とその値を辞書にまとめてconfig関数またはconfigure関数のcnfオプションに渡すことでも、属性を設定できます。**リスト5**の「option_04.py」は、config関数のcnfオプションを使う例です。

リスト5●「option_04.py」。config関数のcnfオプションを使うプログラム

```
import tkinter as tk

root = tk.Tk()
root.title('Option Test')
root.geometry('250x120')

# 属性とその値を辞書にまとめる
option = {
  'text': 'ウィジェットの属性',
  'relief': 'sunken',
  'padx': 10,
  'pady': 10 }

label_1 = tk.Label(root)
label_1.pack(expand=True)

# config関数で属性に値を設定
label_1.config(cnf=option)

root.mainloop()
```

属性とその値をまとめた
辞書をcnfオプションに渡す

ウィジェット変数

Tkinterには、「ウィジェット変数」という特別な変数があります。ウィジェットの「textvariableオプション」や「variableオプション」にウィジェット変数を設定することで、ウィジェットの属性とウィジェット変数を連動させることができます。つまり、ウィジェット変数の値を変更すればウィジェットの属性も変更されるようになります。あるいは逆に、ウィジェットの属性が変われば、ウィジェット変数の値も変わるようになります。

ウィジェット変数には、**表1**のような4種類のデータ型があります。

表1●ウィジェット変数。4種類ある

データ型	説明
StringVar	文字列
IntVar	整数
DoubleVar	浮動小数点数
BooleanVar	真偽値(True/False)

これらはすべて専用の関数で生成します。例えば、StringVar型のウィジェット変数であれば、「StringVar関数」で生成します。また、ウィジェット変数に値を設定する際は「set関数」を、ウィジェット変数から値を取得する際は「get関数」を使います。

リスト6の「widget_variable.py」は、4種類のウィジェット変数を使う例です。実行例を**図2**に示します。

リスト6●「widget_variable.py」。4種類のウィジェット変数を使うプログラム

```
import tkinter as tk

root = tk.Tk()
root.title('Widget Variable Test')
root.geometry('300x250')
```

```
# ウィジェット変数の生成
string_1 = tk.StringVar()
int_1 = tk.IntVar()
double_1 = tk.DoubleVar()
boolean_1 = tk.BooleanVar()

# Labelウィジェットの生成と配置
label_1 = tk.Label(
  root,
  # ウィジェット変数をLabelウィジェットに設定
  textvariable=string_1)

label_1.pack(expand=True)

string_1.set('ウィジェット変数')
```

ウィジェット変数に値を設定

```
# Scaleウィジェットの生成と配置
scale_1 = tk.Scale(
  root,
  orient=tk.HORIZONTAL,
  length=100,
  # ウィジェット変数をScaleウィジェットに設定
  variable=int_1,
  command=lambda value:print(value))

scale_1.pack(expand=True)

int_1.set(scale_1['length'] / 2)
```

ウィジェット変数に値を設定

```
# Scaleウィジェットの生成と配置
scale_2 = tk.Scale(
  root,
  orient=tk.HORIZONTAL,
  length=100,
  from_=0.0,
  to=1.0,
  resolution=0.05,
  # ウィジェット変数をScaleウィジェットに設定
  variable=double_1,
  command=lambda value:print(double_1.get()))

scale_2.pack(expand=True)
```

```
double_1.set(scale_2['to'] / 2)
```

ウィジェット変数に値を設定

```
# Checkbuttonウィジェットの生成と配置
checkbutton_1 = tk.Checkbutton(
  root,
  text='チェックボタン',
  # ウィジェット変数をScaleウィジェットに設定
  variable=boolean_1,
  command=lambda:print(boolean_1.get()))

checkbutton_1.pack(expand=True)

boolean_1.set(True)
```

ウィジェット変数に値を設定

```
root.mainloop()
```

図2●widget_variable.pyの実行例。ウィジェットの値をprint関数で表示している

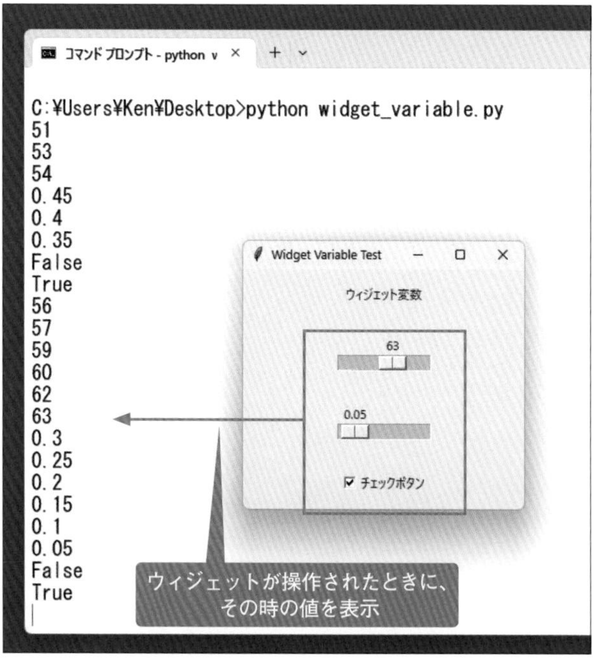

widget_variable.pyでは、4つのウィジェット変数を用意し、**図3**のように4つのウィジェットに設定しています。

図3●4つのウィジェット変数を4つのウィジェットに設定

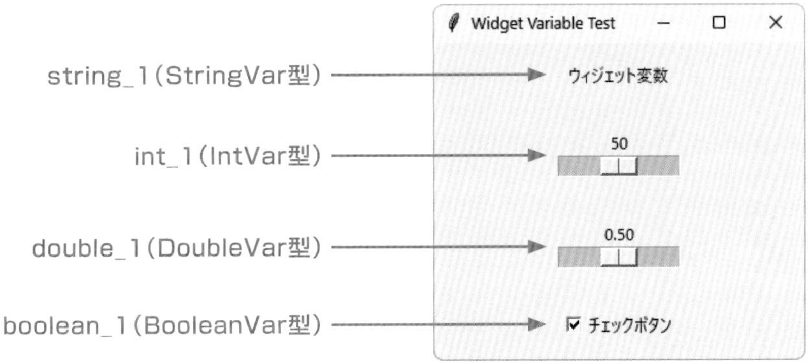

Labelウィジェットでは、生成、配置の時点ではtext属性を設定していません。pack関数で配置後に、ウィジェット変数のset関数を使う次のコードを実行しています。

```
string_1.set('ウィジェット変数')
```

これで、Labelウィジェットのtext属性は'ウィジェット変数'となり、Labelウィジェットに「ウィジェット変数」と表示されます。ウィジェットの生成と配置後に、ウィジェット変数のset関数で属性を設定したところがポイントです。

2つあるScaleウィジェットと、Checkbuttonウィジェットでも同様のことを行っています。ウィジェットを生成、配置後に、ウィジェット変数のset関数を次のように実行して、初期値を設定しています。

```
int_1.set(scale_1['length'] / 2)

double_1.set(scale_2['to'] / 2)

boolean_1.set(True)
```

この値は100（scale_1['length']）

この値は1.0（scale_2['to']）

これで、scale_1のScaleウィジェットの初期値は50に、scale_2のScaleウィジェットの初期値は0.5に、Checkbuttonウィジェットの初期値はTrue（チェックが入った状態）になります。

scale_2のScaleウィジェットのつまみを動かした際に実行するハンドラ関数や、Checkbuttonウィジェットがクリックされた際に実行するハンドラ関数では、次のようにウィジェット変数のget関数を使っています。

```
lambda value:print(double_1.get())

lambda:print(boolean_1.get())
```

これでScaleウィジェットのつまみの指す値やCheckbuttonウィジェットの状態を取得できます。

☆　　　☆　　　☆

第1部 基礎編はここまでです。第1部の内容を3行でまとめると次のようになるでしょう。

第1部の3行まとめ

- ウィジェットの使い方は難しくはないが、配置は少し複雑で難しい。
- デスクトップアプリ（Tkinter）のプログラムは、イベントドリブンで動く。
- ウィジェットと連動するウィジェット変数を活用しよう。

第2部

アプリ作成基本編

第1章 BMI計算機

第2部では、少し実用的なデスクトップアプリを6個作ります。アプリの作成を通して、PythonとTkinterの使い方を、より深く学びましょう。

最初に作るデスクトップアプリは、「BMI計算機」です。体重と身長からBMIという値を計算するBMI計算機は、仕組みが簡単なので初めに作成する実用アプリとしてぴったりです。

BMIは「Body Mass Index」の略で、次の式で計算する値です。

$$\text{BMI} = \text{体重} \div (\text{身長} \div 100)^2$$

体重の単位はキログラム（kg)、身長の単位はセンチメートル（cm）です。そして、BMIの値が18.5～25未満だと「普通体重」、18.5未満だと「低体重」、25以上だと「肥満度1」～「肥満度4」のように判定できます。

BMI計算機の機能と処理は次のようにしましょう。

機能と処理

(a) BMIの計算

(b) 低体重、普通体重、肥満度1～4の判定と表示

(c) 体重(kg)と身長(cm)の入力を受け付ける

▶(a) BMIの計算

BMIの計算は、「calc関数」で行うことにします。calc関数には体重（weight）と身長（height）の引数を持たせます。calc関数は次のように定義できます。

```
def calc(weight, height):
  return weight / (height**2)
```

「height**2」の「**」はべき乗の演算子です。

▶(b) 低体重、普通体重、肥満度1〜4の判定と表示

計算したBMIの値から、低体重、普通体重、肥満度1〜4を判定する処理は「check関数」で行うことにします。check関数はif〜elif〜else文を使って、次のように定義します。

```
def check(bmi):
  if bmi < 18.5: return '低体重'
  elif bmi < 25.0: return '普通体重'
  elif bmi < 30.0: return '肥満度1'
  elif bmi < 35.0: return '肥満度2'
  elif bmi < 40.0: return '肥満度3'
  else: return '肥満度4'
```

▶(c) 体重(kg)と身長(cm)の入力を受け付ける

BMI計算機のGUIは、**図1**のようにしましょう。

図1●BMI計算機のGUI

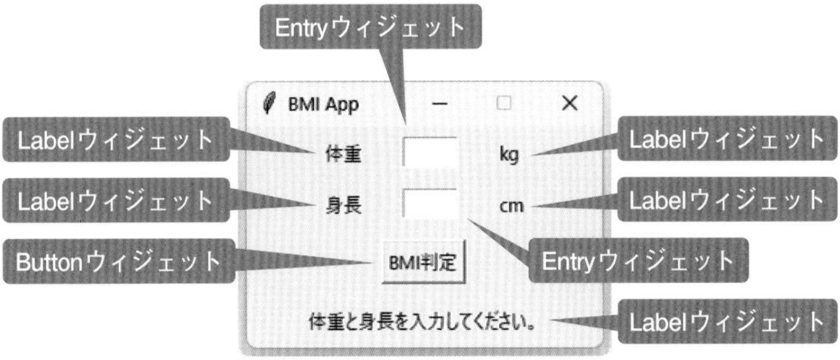

利用するウィジェットは次の通りです。

Labelウィジェット×5個
Entryウィジェット×2個
Buttonウィジェット×1個

これらのウィジェットを3列×4行のグリッドに配置することにします。

では、BMI計算機のプログラムである「bmi_app.py」を**リスト1**に示しましょう。実行例は**図2**のようになります。

リスト1●「bmi_app.py」。BMI計算機のプログラム

```
import tkinter as tk

# BMIの計算
def calc(weight, height):
  return weight / (height**2)

# 判定
def check(bmi):
  if bmi < 18.5: return '低体重'
  elif bmi < 25.0: return '普通体重'
  elif bmi < 30.0: return '肥満度1'
  elif bmi < 35.0: return '肥満度2'
  elif bmi < 40.0: return '肥満度3'
  else: return '肥満度4'

# ハンドラ関数
def judgement():
  w = float(weight.get())
  h = float(height.get()) / 100
  label_5['text'] = check(calc(w, h))

# トップレベルウインドウの生成
root = tk.Tk()
# ウインドウのサイズ変更を不可に
root.resizable(width=False, height=False)
root.title('BMI App')
root.geometry('250x150')

# Labelウィジェットの生成
label_1 = tk.Label(root, text='体重')
label_2 = tk.Label(root, text='kg')
label_3 = tk.Label(root, text='身長')
label_4 = tk.Label(root, text='cm')
label_5 = tk.Label(
  root,
  text='体重と身長を入力してください。')
```

```
# Entryウィジェットの生成
weight = tk.Entry(width=5)
height = tk.Entry(width=5)

# Buttonウィジェットの生成
button = tk.Button(
  root,
  text='BMI判定',
  command=judgement)

# 各列の割合を指定
root.columnconfigure(0, weight=1)
root.columnconfigure(1, weight=1)
root.columnconfigure(2, weight=1)

# 各行の割合を指定
root.rowconfigure(0, weight=1)
root.rowconfigure(1, weight=1)
root.rowconfigure(2, weight=1)
root.rowconfigure(3, weight=1)

# grid関数でウィジェットを配置
label_1.grid(column=0, row=0, sticky=tk.E)
weight.grid(column=1, row=0)
label_2.grid(column=2, row=0, sticky=tk.W)
label_3.grid(column=0, row=1, sticky=tk.E)
height.grid(column=1, row=1)
label_4.grid(column=2, row=1, sticky=tk.W)
button.grid(column=0, row=2, columnspan=3)
label_5.grid(column=0, row=3, columnspan=3)

root.mainloop()
```

図2●bmi_app.pyの実行例

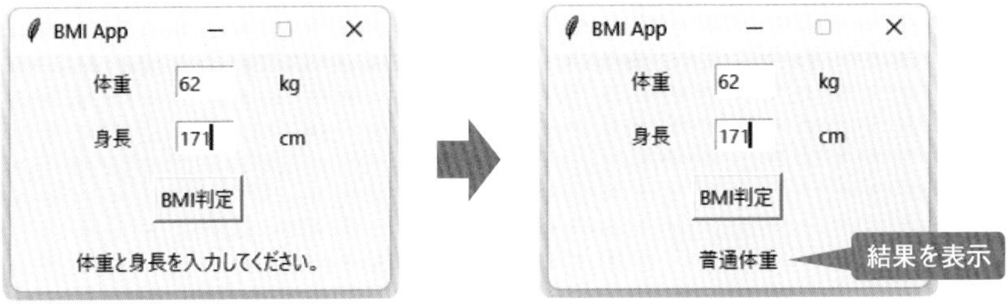

各ウィジェットを扱う変数は、**図3**になります。

図3●各ウィジェットを扱う変数

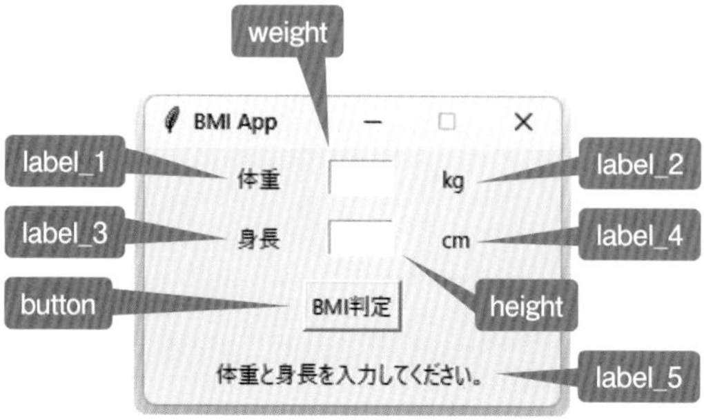

▶ハンドラ関数

ウインドウ上の「BMI判定」ボタンを押したときに実行するハンドラ関数は、「judgement関数」です。この中では、Entryウィジェットのweightとheightから、入力された値をget関数で取得し、それらを「float関数」でfloat型に変換したら、calc関数を使ってBMIの計算を行っています。

> float関数はPythonの組み込み関数で、整数(int型)や数を表す文字列(str型)から生成した浮動小数点数(float型)を返します。

そして、calc関数の戻り値をcheck関数に与えます。check関数は、判定結果を'普通体重'といった文字列で返すので、それをlabel_5（Labelウィジェット）のtext属性に設定しています。

■ウインドウのサイズ変更を不可にする

このbmi_app.pyでは、ウインドウのサイズを変更できないようにしています。これはトップレベルウインドウの「resizable関数」を使って設定します。ここでは次のようにresizable関数を実行しています。

```
root.resizable(width=False, height=False)
```

widthオプションとheightオプションにFalseを渡すと、ウインドウの幅と高さを変更できないようになります。幅と高さのどちらか片方だけを変更できないようにしたい場合は、widthオプションとheightオプションのどちらか片方だけにFalseを渡します。

☆　☆　☆

特に難しい部分はなかったと思いますが、ポイントをまとめると次のようになります。

2行まとめ

- get関数で取得した値は、float関数でfloat型に変換してから計算に使う。
- ハンドラ関数の中でLabelウィジェットのテキストを書き換える。

第2章 カウントダウンタイマー

第2章で作るデスクトップアプリは、…3、2、1、0とカウントダウンする「カウントダウンタイマー」です。「スレッド」の利用がポイントになります。

カウントダウンタイマーの機能と処理は次のようにしましょう。

機能と処理

(a) スレッドでカウントダウンの処理を行う
(b) 分と秒を設定できるようにする
(c) START/STOPボタンでカウントダウンの開始/停止
(d) 0になったらメッセージボックスを表示

(a) スレッドでカウントダウンの処理を行う

1秒ごとに時間を減らすカウントダウンの処理は、それ自体は難しくはありません。例えば、Pythonの標準ライブラリにある「timeモジュール」を使って、**リスト1**の「timer.py」のようなプログラムを作成できます。実行結果を**図1**に示します。

リスト1●「timer.py」。10からカウントダウンするプログラム

```
import time

count = 10

while True:
  print(count)
  count = count - 1
  time.sleep(1)
  if count < 0: break
```

無限ループ

図1●timer.pyの実行結果

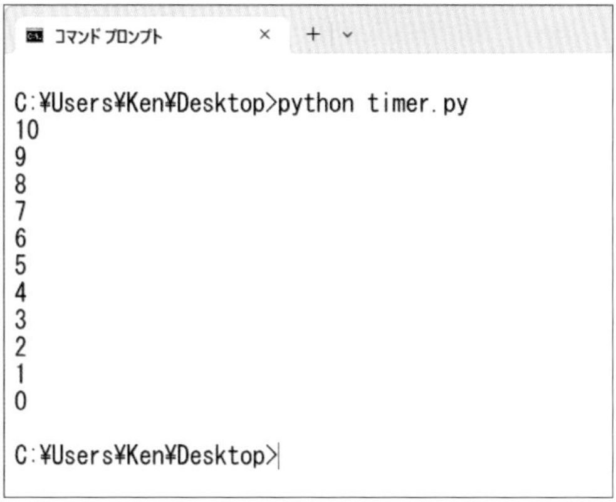

timeモジュールの「sleep関数」を使うと、引数に指定した秒数だけ、プログラムを停止できます。つまり、「time.sleep(1)」であれば、プログラムを1秒間停止できます。

timer.pyでは「while True:」で「無限ループ」を作り、その中でtime.sleep(1)を実行しながら、変数countの値を表示しています。変数countの値は10から始まり、1回のループで－1します。無限ループの中で1秒間プログラムを停止しながら値を表示するので、カウントダウンの処理になるのです。そして、変数countの値が0より小さくなったら、無限ループを抜けます。

しかし、このようなプログラムのデスクトップアプリ版を単純に作ってしまうと、“GUIが固まる”という問題が生じます。**リスト2**の「timer_desktop.py」は、単純に作ってしまったプログラムの例です。実行してSTARTボタンを押すと、**図2**のように、カウントダウンは行われているものの、GUIが固まり、カウントダウンが終わるまでウインドウを操作できなくなります。Labelウィジェットの表示もずっと10のままです。

リスト2●「timer_desktop.py」。良くないプログラムの例。
GUIが固まってしまう

```
import tkinter as tk
import time

# ハンドラ関数
def start():
```

```
  countdown()

# カウントダウンの関数
def countdown():
  count = 10

  while True:
    label_1['text'] = str(count)
    print(count)
    count = count - 1
    time.sleep(1)
    if count < 0: break

# トップレベルウインドウの生成
root = tk.Tk()
root.title('GUIが固まるアプリ')
root.geometry('300x100')

# Labelウィジェットの生成
label_1 = tk.Label(
  root,
  text='10')
label_1.pack(expand=True)

# Buttonウィジェットの生成
button_1 = tk.Button(
  root,
  text='START',
  command=start)
button_1.pack(expand=True)

root.mainloop()
```

図2●timer_desktop.pyの実行例

timer_desktop.pyでGUIが固まってしまうのは、countdown関数の中の「while True:」で作ったループが動いている間、GUIに関する処理ができなくなってしまうからです。

この問題は、「スレッド」の機能を使うことで解決できます。Tkinterでは、mainloop関数で動き始めるメインループがGUIに関する処理を担当するので、このメインループと並列的に動くスレッドを作り、そのスレッドにカウントダウンの処理を担当させるのです（**図3**）。

図3●カウントダウン用のスレッドを作って並列的に処理する

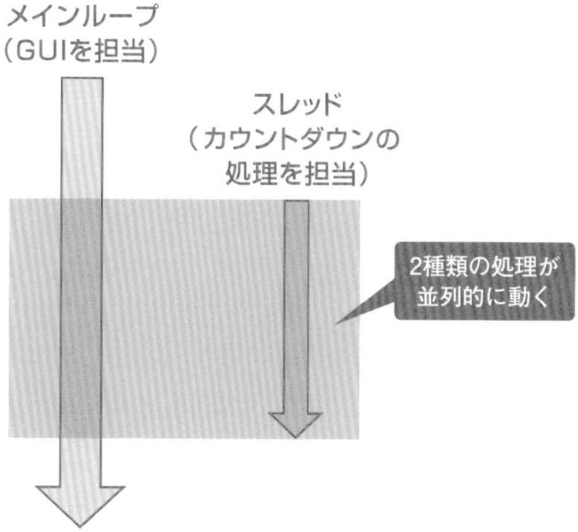

コラム update関数

Tkinterのウィジェットには「update関数」があります。この関数を使うと、ウィジェットへの変更を即座に反映させることができます。例えば、timer_desktop.pyの「time.sleep(1)」の前に、次の１行を挿入して実行してみましょう。

```
label_1.update()
```

こうすると、GUIが固まりにくくなり、Labelウィジェットの表示も10、9、8…と変化するようになります。

■Timer関数を使う

スレッドは、Pythonの標準ライブラリにある「threadingモジュール」を使って作成できます。1秒ごとにカウントダウンする機能であれば、threadingモジュールの「Timer関数」を使うのがよいでしょう。

Timer関数の使い方は次の通りです。

Timerオブジェクト = threading.Timer(秒数, 関数)

Timer関数の第1引数には待ち時間である「秒数」を、第2引数にはメインループとは独立したスレッドで実行したい「関数」を指定します。

その後、生成したTimerオブジェクトの「start関数」を実行します。

Timerオブジェクト.start()

これで、Timer関数の第2引数で指定した関数が、第1引数で指定した待ち時間後に、独立したスレッドで実行されます。

timer_desktop.pyと同じような内容のプログラムを、Timer関数を使って書くと、**リスト3**の「timer_threading.py」のようになります。実行例は**図4**です。

リスト3●「timer_threading.py」。Timer関数を使う

```
import tkinter as tk
import threading as th

count = 10
timer = None

# ハンドラ関数
def start():
  global count
  count = 10
  button_1['state'] = tk.DISABLED
  countdown()

# カウントダウンの関数
def countdown():
```

threadingモジュールをインポート（import threading as th）

ボタンを無効化（button_1['state'] = tk.DISABLED）

実行（countdown() → def countdown():）

```
  global count
  global timer
  label_1['text'] = str(count)
  count = count - 1
  timer = th.Timer(1, countdown)
  timer.start()

  # アクティブなスレッドのオブジェクトを表示
  for thread in th.enumerate():
    print(thread)
  print('¥n')

  if count < 0:
    timer.cancel()
    button_1['state'] = tk.NORMAL

# トップレベルウインドウの生成
root = tk.Tk()
root.title('スレッド')
root.geometry('250x100')

# Labelウィジェットの生成
label_1 = tk.Label(
  root,
  text='10')
label_1.pack(expand=True)

# Buttonウィジェットの生成
button_1 = tk.Button(
  root,
  text='START',
  command=start)
button_1.pack(expand=True)

root.mainloop()

if timer != None: timer.cancel()
```

Timer関数を実行

スレッドの開始

スレッドの停止

ボタンを有効化

図4●timer_threading.pyの実行例

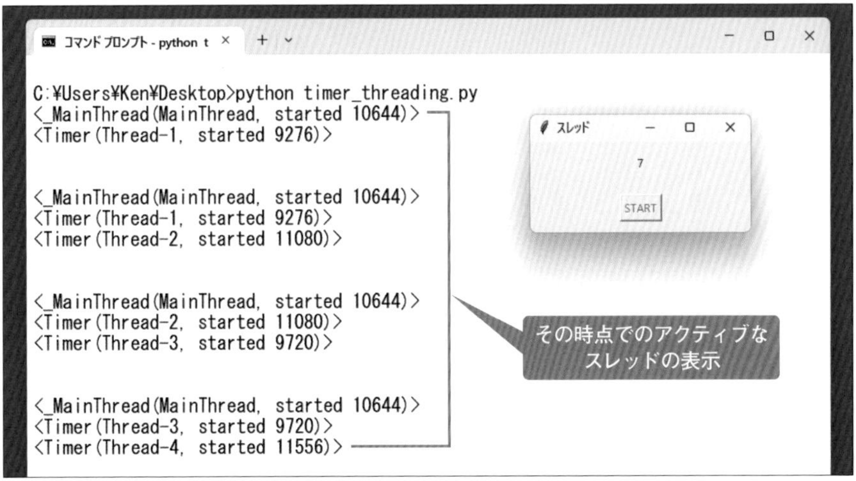

timer_threading.pyでは、カウントダウンの処理を記述しているcountdown関数の中で、次のようにTimer関数を実行しています。

```
timer = th.Timer(1, countdown)
timer.start()
```

つまり、countdown関数は、1秒待ってから自分自身（countdown関数）を実行するのです。こうすることで、countdown関数は1秒間隔で実行されるようになります。

カウントダウンが終了したら、Timerオブジェクトの「cancel関数」を実行し、Timer関数によるスレッドの実行を停止します。

ちなみに、timer_threading.pyでは、threadingモジュールの「enumerate関数」を使って、その時点でアクティブなスレッドのオブジェクトを次のように表示しています。

```
<_MainThread(MainThread, started 10644)>
<Timer(Thread-1, started 9276)>
```

図4のコマンドプロンプトの画面を見ると、「MainThread」と、Timer関数による「Thread-1」が並列的に動いていることがわかるでしょう。

コラム after関数

Tkinterには「after関数」という便利な関数があります。after関数を使うと、指定の関数を指定の時間後に実行できます。timer_threading.pyと同じ内容のプログラムをafter関数を使って作成すると、**リストA**の「timer_A.py」のようになります。

リストA●「timer_A.py」。after関数を使う

```
import tkinter as tk

count = 10

# ハンドラ関数
def start():
  global count
  count = 10
  button_1['state'] = tk.DISABLED
  countdown()

# カウントダウンの関数
def countdown():
  global count
  label_1['text'] = str(count)
  count = count - 1
  if count < 0:
    button_1['state'] = tk.NORMAL
  else:
    root.after(1000, countdown)

# トップレベルウインドウの生成
root = tk.Tk()
root.title('after関数')
root.geometry('250x100')

# Labelウィジェットの生成
label_1 = tk.Label(
  root,
  text='10')
label_1.pack(expand=True)
```

threadingモジュールは使わない

after関数を実行

```
# Buttonウィジェットの生成
button_1 = tk.Button(
  root,
  text='START',
  command=start)
button_1.pack(expand=True)

root.mainloop()
```

timer_A.pyではcountdown関数の中で、after関数を次のように実行しています。

```
root.after(1000, countdown)
```

これで1000ミリ秒＝1秒後に自分自身であるcountdown関数を実行できます。つまり、1秒間隔でcountdown関数を実行できるようになります。

■ボタンの無効化と有効化

timer_threading.py（リスト3）では、ボタン（Buttonウィジェット）の無効化（**図5**）と有効化を行っています。

図5●無効化されたButtonウィジェット

ボタンを無効化すると押せなくなります。無効化はButtonウィジェットの「state属性」に「tkinter.DISABLED」を設定することで行います。

無効化したボタンを有効化したい場合は、state属性に「tkinter.NORMAL」を設定します。

(b)分と秒を設定できるようにする

カウントダウンタイマーのGUIは、**図6**のようにします。

図6●カウントダウンタイマーのGUI

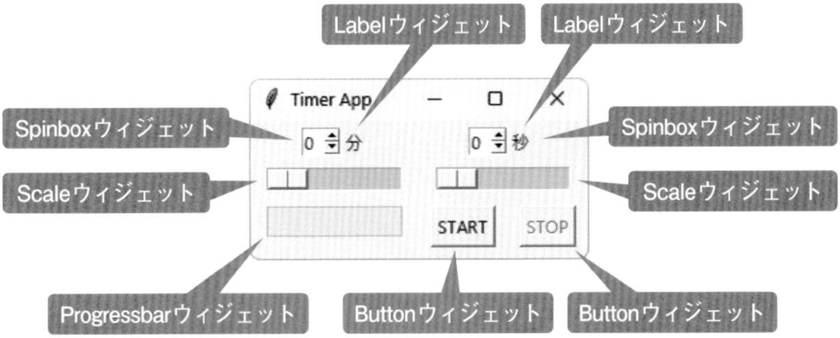

利用するウィジェットは次の通りです。

Labelウィジェット×2個
Buttonウィジェット×2個
Scaleウィジェット×2個
Spinboxウィジェット×2個
Progressbarウィジェット×1個

時間は、Scaleウィジェットおよびspinboxウィジェットを使うことで、59分59秒まで設定できるようにします。また、カウントダウン中は、Spinboxウィジェットの表示時間を減らすと同時に、Progressbarウィジェットのバーが残り時間に合わせて短くなっていくようにします。

では、ScaleウィジェットとSpinboxウィジェット、Progressbarウィジェットの詳細を説明しましょう。

■Scaleウィジェット

Scaleウィジェットは、「スライドバー」や「スライダー」とも呼ばれるウィジェットです。マウスでつまみをドラッグして値を入力できます。水平方向と垂直方向の両方に対応します（**図7**）。

図7●Scaleウィジェットは水平方向と垂直方向の両方に対応

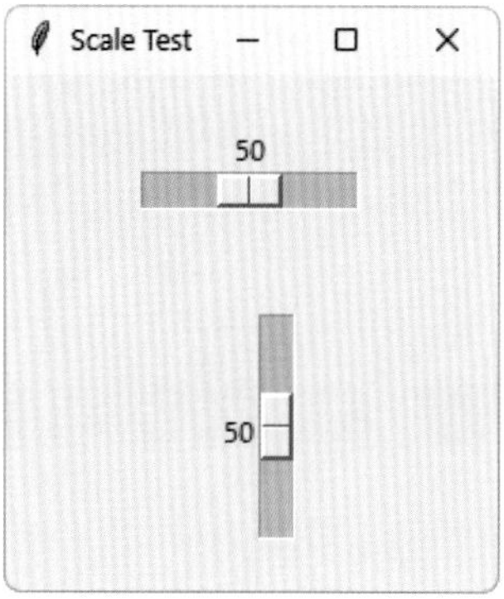

Scaleウィジェットは「Scale関数」で生成します。Scale関数の主なオプションは**表1**の通りです。

表1●Scale関数（tkinter版）の主なオプション

オプション	説明
command	つまみをスライドして値が変化したときに実行するハンドラ関数を指定
orient	レイアウトの方向を指定 設定値：tkinter.HORIZONTAL（水平）、tkinter.VERTICAL（垂直）
state	状態を指定 設定値：tkinter.NORMAL（有効）、tkinter.DISABLED（無効）
variable	ウィジェット変数を指定
resolution	分解能を指定
from_	左端または上端の値を指定。デフォルトは0.0
to	右端または下端の値を指定。デフォルトは100.0
length	ウィジェットの長辺サイズを指定

「orient属性」に「tkinter.HORIZONTAL」を指定すると水平方向に、「tkinter.VERTICAL」を指定すると垂直方向になります。

リスト4の「scale.py」は、Scaleウィジェットのテストプログラムです。実行例を**図8**に示します。つまみを動かすと、連動してLabelウィジェットの表示も変わります。

リスト4●「scale.py」。Scaleウィジェットのテストプログラム

```
import tkinter as tk

root = tk.Tk()
root.title('Scale Test')
root.geometry('250x100')

# ウィジェット変数の生成
var_1 = tk.IntVar()

# Labelウィジェットの生成
label_1 = tk.Label(
  root,
  textvariable=var_1)   # ウィジェット変数の設定
label_1.pack(expand=True)

# Scaleウィジェットの生成
scale_1 = tk.Scale(
  root,
  variable=var_1,       # ウィジェット変数の設定
  resolution=5,         # 分解能を5に
  orient=tk.HORIZONTAL, # 水平方向
  from_=0,              # 左端は0
  to=100)               # 右端は100
scale_1.pack(expand=True)

# 初期値を50にする
var_1.set(50)

root.mainloop()
```

同じウィジェット変数var_1を設定することで、2つのウィジェットを連動させる

図8●scale.pyの実行例

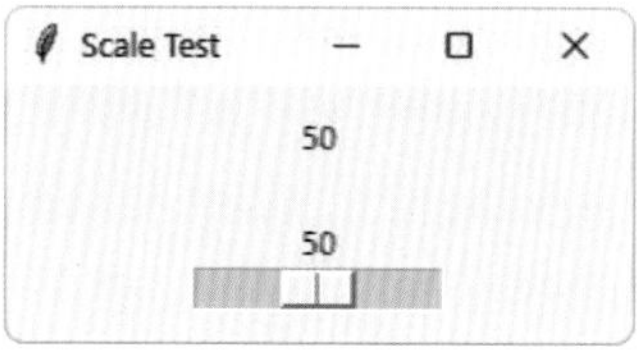

scale.pyでは、ウィジェット変数のvar_1を、Labelウィジェットのtextvariable属性とScaleウィジェットのvariable属性に設定しています。たったこれだけで、LabelウィジェットとScaleウィジェットを連動させることができます。

■Spinboxウィジェット

Spinboxウィジェットは、「スピンボタン」とも呼ばれるウィジェットです。2つのボタンで数値を増減できます。

Spinboxウィジェットは「Spinbox関数」で生成します。Spinbox関数の主なオプションは**表2**の通りです。

表2●Spinbox関数(tkinter版)の主なオプション

オプション	説明
command	ボタンをクリックして値が変化したときに実行するハンドラ関数を指定
value	値を指定
textvariable	ウィジェット変数を指定
from_	最小値を指定
to	最大値を指定
increment	1クリックでの増減幅を指定
format	小数点以下の表示方法を指定
width	表示部分の文字数を指定

リスト5の「spinbox.py」は、Spinboxウィジェットのテストプログラムです。実行例を**図9**に示します。

リスト5●「spinbox.py」。Spinboxウィジェットのテストプログラム

```
import tkinter as tk

# トップレベルウインドウの生成
root = tk.Tk()
root.title('Spinbox Test')
root.geometry('250x100')

# ウィジェット変数の生成
var_spin_1 = tk.IntVar(value=0)

# Labelウィジェットの生成
label_1 = tk.Label(
  root,
  # ウィジェット変数を設定
  textvariable=var_spin_1)
label_1.pack(expand=True)

# Spinboxウィジェットの生成
spinbox_1 = tk.Spinbox(
  root,
  width=3,
  from_=0,        # 最小値
  to=100,         # 最大値
  increment=5,    # 増減幅
  # ウィジェット変数を設定
  textvariable=var_spin_1)
spinbox_1.pack(expand=True)

# 初期値を設定
var_spin_1.set(50)

root.mainloop()
```

同じウィジェット変数var_spin_1を設定することで、2つのウィジェットを連動させる

図9●spinbox.pyの実行例

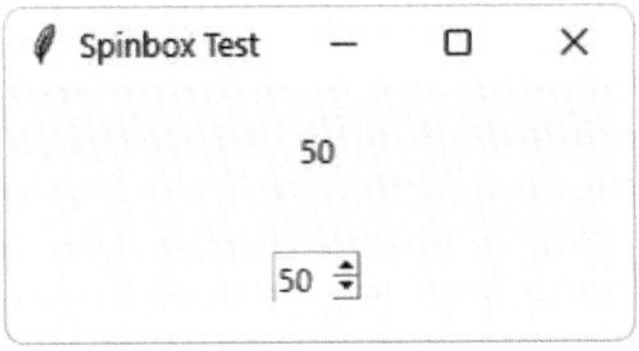

ボタンを押すと、連動してLabelウィジェットの表示も変わります。spinbox.pyでもウィジェット変数を使って、LabelウィジェットとSpinboxウィジェットを連動させています。

■Progressbarウィジェット

Progressbarウィジェットは、作業の進行状況や時間の経過をビジュアルに表示するための「プログレスバー」のウィジェットです。

Progressbarウィジェットは「Progressbar関数」で生成します。Progressbar関数の主なオプションは**表3**の通りです。なお、Progressbarウィジェットはttk版しかありません。

表3●Progressbar関数(ttk版)の主なオプション

オプション	説明
value	値を指定
variable	ウィジェット変数を指定
orient	レイアウトの方向を指定 設定値：tkinter.HORIZONTAL(水平)、tkinter.VERTICAL(垂直)
mode	進捗状況のスタイルを指定 'determinate'：0から最大値までの範囲を割合で表示 'indeterminate'：マークがバー内の範囲で移動。start関数を実行すると自動的に移動するアニメーションになる
maximum	最大値。デフォルトは100
length	プログレスバーの長さを指定。デフォルトは100

Progressbarウィジェットのテストプログラムである「progressbar_01.py」を**リスト6**に示しましょう。Progressbarウィジェットはttk版なので、冒頭で「from tkinter import ttk」のようにttkモジュールをインポートしています。実行すると**図10**のように、1秒ずつバーが短くなっていきます。

リスト6●「progressbar_01.py」。Progressbarウィジェットのテストプログラム

```
import tkinter as tk
from tkinter import ttk

count = 10

def countdown():
  global count
  # ウィジェット変数に値を設定
  val_1.set(count)
  count = count - 1
  if count < 0:
    return
  else:
    # 1000ミリ秒=1秒後にcountdown関数を実行
    root.after(1000, countdown)

# トップレベルウインドウの生成
root = tk.Tk()
root.title('Progressbar Test')
root.geometry('300x100')

# ウィジェット変数の生成
val_1 = tk.IntVar(value=10)

# Progressbarウィジェットの生成
progressbar_1 = ttk.Progressbar(
  root,
  variable=val_1,    # ウィジェット変数を設定
  maximum=10)
progressbar_1.pack(expand=True)

countdown()

root.mainloop()
```

ttkモジュールをインポート

val_1とcountを連動させる。つまり、Progressbarウィジェットとcountを連動させる

図10●progressbar_01.pyの実行例

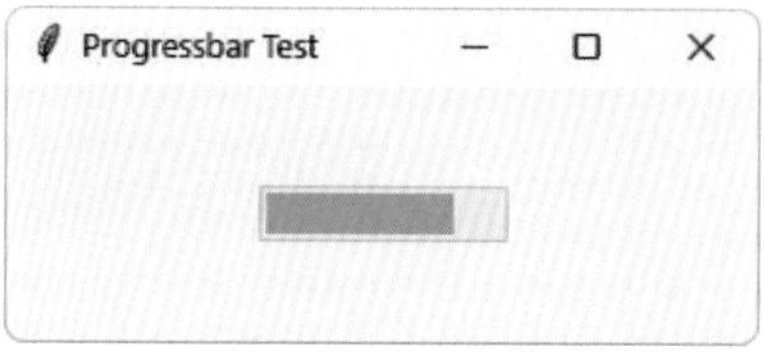

progressbar_01.pyでは、after関数を使って、変数countの値を1秒ごとに−1しています。また、ウィジェット変数をProgressbarウィジェットに設定し、countの値をウィジェット変数に設定しています。こうすることで、countの値とProgressbarウィジェットが連動するようになります。つまり、countの値が減ると、バーの長さも短くなります。

▶modeオプション

Progressbar関数の「modeオプション」に'indeterminate'を設定し、「start関数」を実行すると、「処理中」であることを示すアニメーション表示になります。

テストプログラムである「progressbar_02.py」を**リスト7**に示します。実行すると、**図11**のように、緑の四角形がバーの中を行ったり来たりするアニメーションが表示されます。

リスト7●「progressbar_02.py」。modeオプションを使うテストプログラム

```
import tkinter as tk
from tkinter import ttk

# トップレベルウインドウの生成
root = tk.Tk()
root.title('Progressbar Test')
root.geometry('300x300')

# Progressbarウィジェットの生成
progressbar_1 = ttk.Progressbar(
  root,
  orient=tk.VERTICAL,
  maximum=10,
  mode='indeterminate')
```

'indeterminate'を設定

```
progressbar_1.pack(expand=True)

progressbar_2 = ttk.Progressbar(
  root,
  orient=tk.HORIZONTAL,
  maximum=10,
  mode='indeterminate')
progressbar_2.pack(expand=True)

# アニメーション開始
progressbar_1.start()
progressbar_2.start()

root.mainloop()
```

'indeterminate'を設定

図11●progressbar_02.pyの実行例

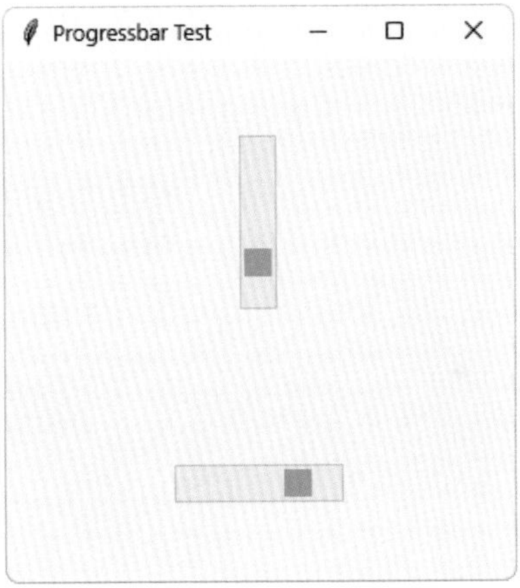

図11のように、Progressbarウィジェットは水平方向だけではなく、垂直方向にも対応しています。

アプリを仕上げる

ここまでで、ScaleウィジェットとSpinboxウィジェットで値を設定する方法がわかりました。Progressbarウィジェットでカウントダウンの様子をビジュアルに表示する方法もわかりました。最後に、これらのウィジェットを組み合わせて、カウントダウンタイマーのプログラムを仕上げます。

プログラムは**リスト8**の「countdown_app.py」のようになります。実行例を**図12**に示します。カウントダウンが完了すると、「お時間です！」というメッセージボックスが表示されます。

リスト8●「countdown_app.py」。カウントダウンタイマーのプログラム

```
import tkinter as tk
from tkinter import ttk
import threading as th
from tkinter import messagebox

# グローバル変数
count = 0
timer = None

# ハンドラ関数
def start():
  global count
  global timer
  button_1['state'] = tk.DISABLED
  button_2['state'] = tk.NORMAL
  m = var_minutes.get()
  s = var_seconds.get()
  count = m * 60 + s
  progressbar_1['maximum'] = count
  # Timer関数の実行
  timer = th.Timer(1, countdown)
  timer.start()

def stop():
  timer.cancel()
  button_1['state'] = tk.NORMAL
  button_2['state'] = tk.DISABLED

def countdown():
  global count
  global timer
  count = count - 1
  if count > 0:
    progressbar_1['value'] = count
```

ウィジェット変数の値を取得（m = var_minutes.get()、s = var_seconds.get()）

バーの最大値を設定（progressbar_1['maximum'] = count）

スレッドを開始（timer.start()）

    m, s = divmod(count, 60)
    var_minutes.set(m)
    var_seconds.set(s)
    # Timer関数の実行
    timer = th.Timer(1, countdown)
    timer.start()
  else:
    progressbar_1['value'] = count
    var_minutes.set(0)
    var_seconds.set(0)
    messagebox.showinfo('Timer App', 'お時間です！')
    button_1['state'] = tk.NORMAL
    button_2['state'] = tk.DISABLED
    timer.cancel()

# トップレベルウインドウの生成
root = tk.Tk()
root.title('Timer App')
root.geometry('250x100')

# Labelウィジェットの生成
label_1 = tk.Label(
  root,
  text='分')

label_2 = tk.Label(
  root,
  text='秒')

# 分と秒のウィジェット変数
var_minutes = tk.IntVar(value=0)
var_seconds = tk.IntVar(value=0)

# Spinboxウィジェットの生成
spinbox_1 = tk.Spinbox(
  root,
  width=2,
  from_=0,
  to=59,
  increment=1,
  textvariable=var_minutes)

spinbox_2 = tk.Spinbox(
```

ウィジェット変数に値を設定

スレッドを開始
```

```
  root,
  width=2,
  from_=0,
  to=59,
  increment=1,
  textvariable=var_seconds)

# Scaleウィジェットの生成
scale_1 = tk.Scale(
  root,
  variable=var_minutes,
  orient=tk.HORIZONTAL,
  from_=0,
  to=59,
  showvalue=0)

scale_2 = tk.Scale(
  root,
  variable=var_seconds,
  orient=tk.HORIZONTAL,
  from_=0,
  to=59,
  showvalue=0)

# Progressbarウィジェットの生成
progressbar_1 = ttk.Progressbar(
  root,
  variable=0,
  maximum=0)

# Buttonウィジェットの生成
button_1 = tk.Button(
  root,
  text='START',
  state=tk.NORMAL,
  command=start)

button_2 = tk.Button(
  root,
  text='STOP',
  state=tk.DISABLED,
  command=stop)
```

分を管理する同じ
ウィジェット変数を設定

秒を管理する同じ
ウィジェット変数を設定

```
# 各列の割合を指定
for i in range(4):
  root.columnconfigure(i, weight=1)

# 各行の割合を指定
for i in range(3):
  root.rowconfigure(i, weight=1)

# ウィジェットをgrid関数で配置
spinbox_1.grid(column=0, row=0, sticky='e')
label_1.grid(column=1, row=0, sticky='w')
spinbox_2.grid(column=2, row=0, sticky='e')
label_2.grid(column=3, row=0, sticky='w')
scale_1.grid(column=0, row=1, columnspan=2, sticky='n')
scale_2.grid(column=2, row=1, columnspan=2, sticky='n')
progressbar_1.grid(column=0, row=2, columnspan=2, sticky='n')
button_1.grid(column=2, row=2, sticky='n')
button_2.grid(column=3, row=2, sticky='n')

root.mainloop()

if timer != None: timer.cancel()
```

図12●countdown_app.pyの実行例

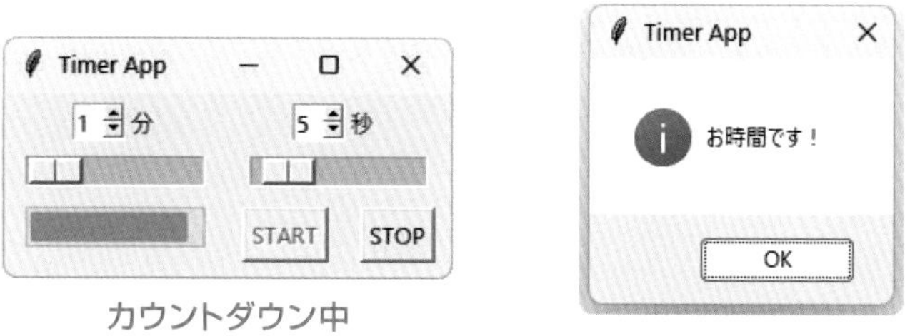

カウントダウン中

カウントダウンが終了すると表示

countdown_app.pyでは、ウィジェット変数を駆使しています。分を管理するウィジェット変数のvar_minutesを生成し、spinbox_1（Spinboxウィジェット）とscale_1（Scaleウィジェット）に設定しています。同様に、秒を管理するウィジェット変数のvar_secondsを生成し、spinbox_2（Spinboxウィジェット）とscale_2（Scaleウィジェット）に設定しています。

STARTボタンが押されたときに実行するハンドラ関数のstart関数では、2つのウィジェット変数の値をget関数で取得し、変数countとProgressbarウィジェットのmaximum属性に設定しています。これは、カウントダウンのスタート時のcountの値とバーの最大値の設定になります。

```
m = var_minutes.get()
s = var_seconds.get()
count = m * 60 + s
progressbar_1['maximum'] = count
```

☆　☆　☆

第2章を簡単にまとめると、次のようになります。

2行まとめ

- GUIが固まらないようにスレッドを使う。
- ウィジェット変数を使うことで、複数のウィジェットを連動させる。

第3章

4択クイズ

ここで作る「4択クイズ」のアプリは、クイズの文章と、それについての解答の選択肢を4つ表示するものです。もちろん、いずれかの選択肢を選ぶと正解か不正解かの判定を行います。

この4択クイズでは、クイズと解答の文章を、プログラムの外部にある「CSVファイル」（カンマ区切りファイル）から読み込むことにします。そうすれば、プログラム本体を修正しなくても、CSVファイルを編集することで、クイズと解答の追加や修正を行えます。

4択クイズのアプリに実装する機能と処理は次のようになります。

機能と処理

(a) CSVファイルの読み込み

(b) クイズと4つの選択肢を表示

(c) 解答の選択と判定

(a)CSVファイルの読み込み

ここでは、クイズの文章と解答の選択肢、および正解のデータを、**図1**のようなCSVファイル「quiz.csv」に用意しておきます。

図1●「quiz.csv」。クイズのデータのCSVファイル

```
「松阪牛」の正しい読み方は？,まつざかぎゅう,しょうざかぎゅう,まつざかうし,まつさかうし,4
「チゲ鍋」の「チゲ」の意味は？,鍋,辛い,赤い,おいしい,1
「地震・雷・火事・おやじ」の「おやじ」の意味は？,親父,台風,爆弾,大砲,2
```

quiz.csvでは、論理的な1行が1つの設問になっていて、次の形式でデータを記述しています。

```
クイズの文章,選択肢1,選択肢2,選択肢3,選択肢4,正解
```

最後の「正解」には、この1行をリストと見なした場合の正解になる選択肢のインデックス（1～4）を記述します。インデックスは0から始まりますから、選択肢1が正解なら1を、選択肢4が正解なら4を記述します。

CSVファイルは、Pythonの標準ライブラリにある「csvモジュール」と、組み込み関数である「open関数」を使うことで容易に読み込めます。読み込んだ後、Pythonのリストに変換する処理も簡単です。

quiz.csvを読み込んでデータをリストに変換し、print関数で表示するプログラムの「csv_read.py」を**リスト1**に示します。csv_read.pyはquiz.csvと同じフォルダーに置いて実行する必要があります。csv_read.pyの実行結果は**図2**です。

リスト1●「csv_read.py」。quiz.csvを読み込んで、リストに変換するプログラム

```
import csv

with open('quiz.csv', encoding='utf-8', newline='') as csvfile:
  reader_quiz = csv.reader(csvfile)
  data = [row for row in reader_quiz]

print(data)
```

図2●csv_read.pyの実行結果

```
コマンド プロンプト  ×  + ⌄                                    – ▢ ×

C:¥Users¥Ken¥Desktop>python csv_read.py
[['「松阪牛」の正しい読み方は？', 'まつざかぎゅう', 'しょうざかぎゅう', 'まつざかうし', 'まつさかうし', '4'], ['「チゲ鍋」の「チゲ」の意味は？', '鍋', '辛い', '赤い', 'おいしい', '1'], ['「地震・雷・火事・おやじ」の「おやじ」の意味は？', '親父', '台風', '爆弾', '大砲', '2']]
```

データがリストになってしまえば、プログラムで扱うのは簡単です。

(b)クイズと4つの選択肢を表示

4択クイズのGUIは、**図3**のようにします。

図3●4択クイズのGUI

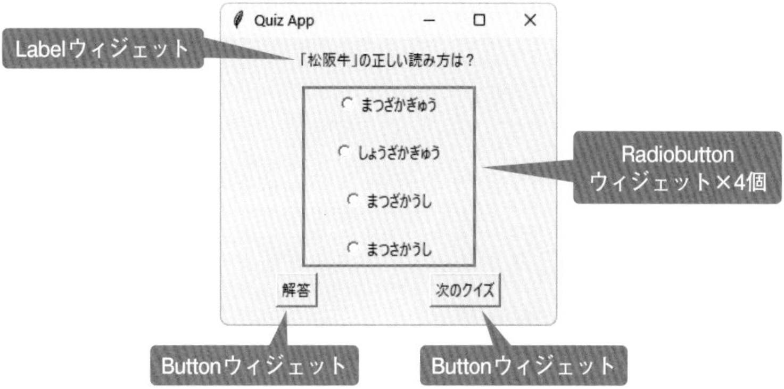

利用するウィジェットは次の通りです。

Labelウィジェット×1個
Radiobuttonウィジェット×4個
Buttonウィジェット×2個

選択肢は「ラジオボタン」のRadiobuttonウィジェットを使って表示します。ラジオボタンは複数の中から1つしか選択できないので、正解が1つしかないクイズの選択肢にはぴったりです。

■Radiobuttonウィジェット

Radiobuttonウィジェットを表示するには、「Radiobutton関数」を使います。Radiobutton関数の主なオプションは**表1**の通りです。

表1●Radiobutton関数(tkinter版)の主なオプション

オプション	説明
height	最大行数を指定
activebackground	クリックされたときの背景色を指定
justify	テキストの配置位置を指定 設定値：tkinter.LEFT、tkinter.CENTER、tkinter.RIGHT
borderwidth	枠線の幅を指定
background	背景色を指定
foreground	文字の色を指定
font	文字のフォントを指定
text	表示するテキストを指定
value	値を指定
variable	ウィジェット変数を指定
width	幅(文字単位)を指定
wraplength	テキストの折り返し幅(ピクセル単位)を指定

このRadiobuttonウィジェットは、複数あるRadiobuttonウィジェットから1つだけを選択できるウィジェットですから、複数のRadiobuttonウィジェットをグループにまとめる必要があります。これにはウィジェット変数を使います。同じウィジェット変数が設定されているRadiobuttonウィジェットは、同一のグループと見なされます。そして、選択されたRadiobuttonウィジェットの値は、ウィジェット変数のget関数で取得できます。

Radiobuttonウィジェットのテストプログラムである「radio.py」を**リスト2**に示します。実行例は**図4**です。

リスト2●「radio.py」。Radiobuttonウィジェットのテストプログラム

```
import tkinter as tk
from tkinter import messagebox

# ハンドラ関数
def click_1():
  messagebox.showinfo('Radio Test', var_1.get())

def click_2():
```

```
    messagebox.showinfo('Radio Test', var_2.get())

# トップレベルウインドウの生成
root = tk.Tk()
root.geometry('250x300')
root.title('Radio Test')

action_1 = ['選択肢1','選択肢2', '選択肢3', '選択肢4']
action_2 = ['選択肢1','選択肢2']

# ウィジェット変数を生成
# 初期値は'選択肢1'にする
var_1 = tk.StringVar(value='選択肢1')
var_2 = tk.StringVar(value='選択肢1')

# 4個のRadiobuttonウィジェットを生成
for action in action_1:
    radio = tk.Radiobutton(
        root,
        text=action,     # テキストを設定
        variable=var_1, # ウィジェット変数を設定
        width=10,
        value=action)    # 値を設定
    radio.pack(pady=5)

# Buttonウィジェットの生成
button_1 = tk.Button(
    root,
    text='表示',
    command=click_1)
button_1.pack(pady=5)

# 2個のRadiobuttonウィジェットを生成
for action in action_2:
    radio = tk.Radiobutton(
        root,
        text=action,     # テキストを設定
        variable=var_2, # ウィジェット変数を設定
        width=10,
        value=action)    # 値を設定
    radio.pack(pady=5)

# Buttonウィジェットの生成
```

同じウィジェット変数を設定しているので、4個のRadiobuttonウィジェットは同じグループになる

同じウィジェット変数を設定しているので、2個のRadiobuttonウィジェットは同じグループになる

```
button_2 = tk.Button(
  root,
  text='表示',
  command=click_2)
button_2.pack(pady=5)

root.mainloop()
```

図4●radio.pyの実行例

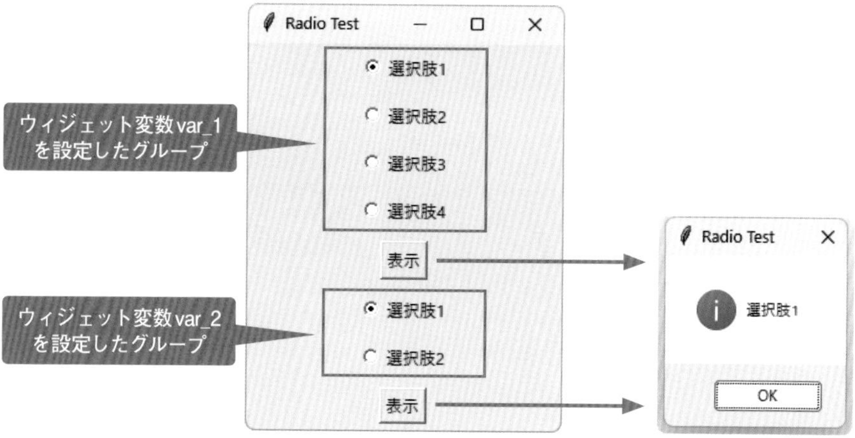

radio.pyでは、計6個のRadiobuttonウィジェットを生成しています。これらをvariableオプションに設定するStringVar型のウィジェット変数で2つのグループに分けています。

ラジオボタンの横に表示するテキストをtextオプションで、Radiobuttonウィジェットが持つ値をvalueオプションで指定しています。ここでは2つのオプションに同じ値（'選択肢1'など）を設定しています。このvalueオプションで設定したvalue属性の値は、前述のように、ウィジェット変数のget関数で取得できます。

複数のRadiobuttonウィジェットのvalue属性の値を同じにすると、それらは同じラジオボタンとして扱われます。

ここではStringVar型のウィジェット変数を使っているので、生成時に次のようにvalueオプションを設定することで、Radiobuttonウィジェットの“初期値”を設定しています。

```
var_1 = tk.StringVar(value='選択肢1')
var_2 = tk.StringVar(value='選択肢1')
```

これで、「選択肢1」が初期値（最初に選択されているRadiobuttonウィジェット）になります。

もし、初期値を“何も選択されていない状態”にしたいのであれば、どのRadiobuttonウィジェットのvalueオプションにも設定されていない値（例えば0）をvalueオプションに与えます。

StringVar型のウィジェット変数を使っている場合、ウィジェット変数の生成時にvalueオプションを指定しないと、value属性は「''」（空文字列）となり、すべてのRadiobuttonウィジェットが選択された状態になってしまいます。

アプリを仕上げる

それでは、4択クイズのアプリを仕上げます。完成したプログラムの「quiz_app.py」は**リスト3**のようになります。quiz_app.pyはquiz.csvと同じフォルダーに置いて実行します。実行例を**図5**に示します。

リスト3●「quiz_app.py」。4択クイズのプログラム

```
import tkinter as tk
from tkinter import messagebox
import csv

# グローバル変数
quiz_count = 0    # クイズの番号
data = []         # クイズのデータ
```

```
# quiz.csvからデータを読み込む
with open('quiz.csv', encoding='utf-8', newline='') as csvfile:
    reader_quiz = csv.reader(csvfile)
    data = [row for row in reader_quiz]

# ハンドラ関数
def change_quiz():
    global quiz_count
    var.set(0)   # 選択肢の初期値は設定しない
    quiz_count = quiz_count + 1
    if quiz_count < len(data):
        # クイズのテキストを設定
        question['text'] = data[quiz_count][0]
        # 選択肢のテキストを設定
        for i in range(len(radio)):
            radio[i]['text'] = data[quiz_count][i + 1]
    else:
        messagebox.showinfo('Quiz App', 'クイズはもうありません!')

def judgement():
    if data[quiz_count][5] == str(var.get()):
        messagebox.showinfo('Quiz App', '正解です。')
    elif var.get() == 0:
        messagebox.showinfo('Quiz App', '選択肢を選んでください!')
    else:
        messagebox.showinfo('Quiz App', '残念!不正解です!')

# トップレベルウインドウの生成
root = tk.Tk()
root.geometry('300x250')
root.title('Quiz App')

# Labelウィジェットの生成
question = tk.Label(
    root,
    # 最初のクイズのテキストを設定
    text=data[quiz_count][0])
question.grid(row=0, column=0, columnspan=2)

# ウィジェット変数の生成
var = tk.IntVar()

# Radiobuttonウィジェットの生成
```

解答を判定する関数

```
radio = []
for i in range(4):
  radio.append(tk.Radiobutton(
    root,
    # 最初のクイズの選択肢を設定
    text=data[quiz_count][i + 1],
    variable=var,    # ウィジェット変数の設定
    value=i+1))      # 値を設定
  radio[i].grid(row=i+1, column=0, columnspan=2)

# Buttonウィジェットの生成
answer = tk.Button(
  root,
  text='解答',
  command=judgement)
answer.grid(row=5, column=0, sticky='n')

next_quiz = tk.Button(
  root,
  text='次のクイズ',
  command=change_quiz)
next_quiz.grid(row=5, column=1, sticky='n')

# 2列、6行の割合を指定
for i in range(2):
  root.columnconfigure(i, weight=1)
for i in range(6):
  root.rowconfigure(i, weight=1)

# トップレベルウインドウの表示
root.mainloop()
```

同じウィジェット変数を設定しているので、4個のRadiobuttonウィジェットは同じグループになる

図5●quiz_app.pyの実行例

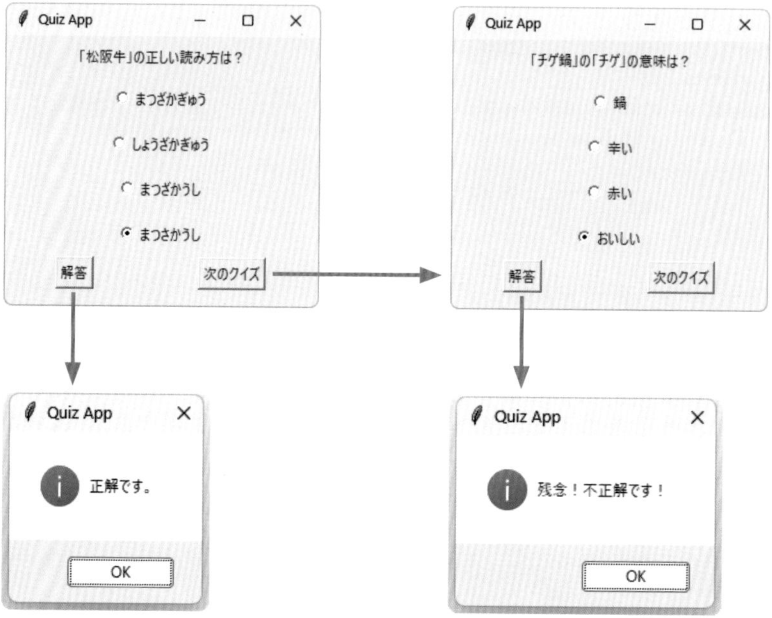

quiz_app.pyでは、Radiobuttonウィジェットを4個作ります。その際、生成順に、1～4の値をvalueオプションに設定します。また、LabelウィジェットとRadiobuttonウィジェットの生成時には、最初のクイズの問題のテキストと選択肢のテキストを、textオプションで設定します。

ボタンは、Buttonウィジェットで「解答」ボタンと「次のクイズ」ボタンを作っています。そして、「解答」ボタンのハンドラ関数には「judgement関数」を、「次のクイズ」ボタンのハンドラ関数には「change_quiz関数」を設定しています。

judgement関数では、選択されたRadiobuttonウィジェットの値を「var.get()」で取得します。varはRadiobuttonウィジェットに設定しているIntVar型のウィジェット変数です。

IntVar型のウィジェット変数の場合、生成時にvalueオプションを指定しないと、value属性は0となり、(value属性に0が設定されたRadiobuttonウィジェットがなければ)どのRadiobuttonウィジェットも選択されていない状態になります。

また、正解のインデックスの文字列を「data[quiz_count][5]」で取得します。このdataは、クイズと解答のデータであるquiz.csvを読み込んで、リストに変換したものです。そして、次のif文の条件式がTrueになれば、選ばれた選択肢は正解だと判定します。

```
if data[quiz_count][5] == str(var.get()):
```

change_quiz関数では、次のようにウィジェット変数に0を設定することで、Radiobuttonウィジェットのvalue属性の値を0にしています。

```
var.set(0)
```

value属性の値が0になると、どのRadiobuttonウィジェットも選ばれていない状態になります。

その後、Labelウィジェットに表示するクイズのテキストと、Radiobuttonウィジェットの選択肢のテキストを書き換えています。

☆　☆　☆

Radiobuttonウィジェットの使い方は若干複雑でしたから、まとめてみましょう。

Radiobuttonウィジェットの4行まとめ

- 同じウィジェット変数を設定することで、複数のRadiobuttonウィジェットを1つのグループにする。
- Radiobuttonウィジェットはvalue属性を持ち、valueオプションで値を設定できる。
- 選択されたRadiobuttonウィジェットは、ウィジェット変数のget関数で取得できるvalue属性の値で判別する。
- StringVar型のウィジェット変数を使う場合は、valueオプションを設定する。

第4章 割り勘計算機

飲み会の支払いなどで割り勘をする際、単に平均値を求めるのなら「支払い総額÷参加人数」で1人当たりの支払い額が決まります。ただし実際には、割り切れなかったり、1円玉や10円玉が何枚も必要な金額になってしまうなど面倒なことが発生します。キャッシュレスの時代とは言え、割り勘の精算と集金ではまだまだ現金を使うことが少なくないでしょう。1円玉や10円玉のやり取りはできれば避けたいところです。

また、会社の飲み会などでは、先輩や上司などの「偉い人」は多く払ってくれるでしょうし、新人の支払いは少なくしてあげたいと思うことでしょう。

そこで「割り勘計算機」の出番です。

ここでは、次のような支払いルールで割り勘できる割り勘計算機のアプリを作りましょう。

- 1円や10円単位の支払い/集金が発生しないようにする（細かい金額は集金を行う幹事の支払いとする）
- 偉い人は新人の約3倍の金額、平社員は新人の約2倍の金額になるようにする。つまり、新人は少なめの金額にする
- 金額によっては、幹事は平社員よりも支払い金額が少し安くなるようにする（安くなった分は幹事へのねぎらい）

割り勘計算機のアプリに実装する機能と処理は次のようになります。

機能と処理

(a) 支払い総額の入力
(b)「偉い人」「平社員」「新人」の人数の入力
(c) 割り勘の計算結果（幹事分を含む）の表示

なお、幹事は1人とします。

GUIのデザイン

割り勘計算機は入力項目と出力項目が多いので、「入力画面」と「計算結果画面」の2画面を作ります。GUIのデザインは**図1**のようにします。

図1●割り勘計算機のGUIのデザイン

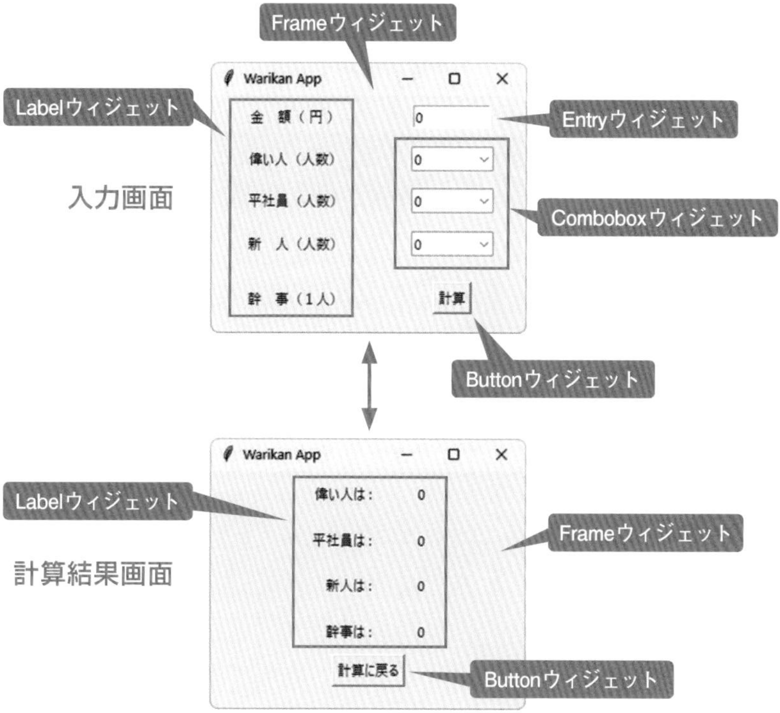

利用するウィジェットは次の通りです。

Frameウィジェット×2個
Entryウィジェット×1個
Comboboxウィジェット×3個

Labelウィジェット×13個
Buttonウィジェット×2個

入力画面と計算結果画面はFrameウィジェットで作ります。2つの画面はボタン（Buttonウィジェット）で切り替えることにします。

支払いの金額はEntryウィジェットでキーボードから入力してもらいます。一方、飲み会などの場合、偉い人、平社員、新人の人数はそれぞれ9人以下のことが多いでしょう。そこで、Comboboxウィジェットを使って、キーボードで入力するだけではなく、0〜9の中から選択できるようにします。

Frameウィジェットで画面を切り替える

Tkinterで複数の画面を扱う方法はいくつか考えられますが、ここでは「画面となるFrameウィジェットを重ねて、表示したい画面（Frameウィジェット）を前面に出す」というやり方を採用します。

Frameウィジェットは、ほかのウィジェットを配置できるコンテナのウィジェットです。2つのFrameウィジェットを重ねて､画面を切り替えるテストプログラムの「switch.py」を**リスト1**に示しましょう。実行結果は**図2**です。

リスト1●「switch.py」。画面を切り替えるテストプログラム

```
import tkinter as tk

# トップレベルウインドウの生成
root = tk.Tk()
root.geometry('250x100')
root.title('画面の切り替え')

# 画面1の作成
# Frameウィジェットの生成
frame_1 = tk.Frame(root)
frame_1.grid(row=0, column=0, sticky=tk.NSEW)
# Labelウィジェットの生成
label_1 = tk.Label(
  frame_1,
```

画面1
(Frameウィジェット)

```
    text='画面1です。')
label_1.pack(pady=10)
# Buttonウィジェットの生成
button_1 = tk.Button(
    frame_1,
    text='次の画面',
    command=lambda:frame_2.tkraise())
button_1.pack(pady=10)

# 画面2の作成
# Frameウィジェットの生成
frame_2 = tk.Frame(root)
frame_2.grid(row=0, column=0, sticky=tk.NSEW)
# Labelウィジェットの生成
label_2 = tk.Label(
    frame_2,
    text='画面2です。')
label_2.pack(pady=10)
# Buttonウィジェットの生成
button_2 = tk.Button(
    frame_2,
    text='戻る',
    command=lambda:frame_1.tkraise())
button_2.pack(pady=10)

root.columnconfigure(0, weight=1)
root.rowconfigure(0, weight=1)

# 画面1を前面にする
frame_1.tkraise()

root.mainloop()
```

tkraise関数を実行するラムダ式

tkraise関数を実行するラムダ式

画面2（Frameウィジェット）

図2●switch.pyの実行結果

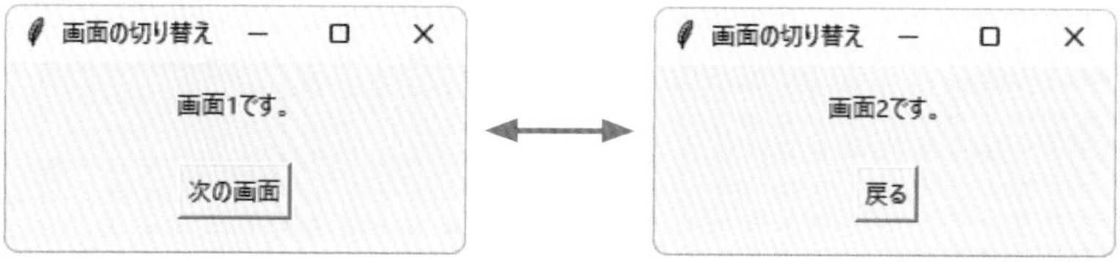

switch.pyでは、画面1のFrameウィジェット（frame_1）と、画面2のFrameウィジェット（frame_2）を作り、いずれもトップレベルウインドウ（root）の全面に配置しています。

```
frame_1 = tk.Frame(root)
frame_1.grid(row=0, column=0, sticky=tk.NSEW)

frame_2 = tk.Frame(root)
frame_2.grid(row=0, column=0, sticky=tk.NSEW)
```

画面1と画面2のFrameウィジェットには、Labelウィジェット（label_1とlabel_2）とButtonウィジェット（button_1とbutton_2）をそれぞれ配置しています。

■tkraise関数

各ウィジェットの生成と配置が完了したら、frame_1の「tkraise関数」を実行し、frame_1を前面に出します。

```
frame_1.tkraise()
```

これで、アプリの起動時に、前面に出ている画面1が表示されます。

Buttonウィジェットのcommandオプションでは、tkraise関数を実行するラムダ式をそれぞれ次のように設定しています。

```
command=lambda:frame_2.tkraise()
```

```
command=lambda:frame_1.tkraise()
```

これで、画面1にあるボタンを押すと画面2（frame_2）が、画面2にあるボタンを押すと画面1（frame_1）が前面に出ます。このように、ボタンによる2つの画面の切り替えを実現しています。

Comboboxウィジェット

Comboboxウィジェットは、「ドロップダウンリスト」と呼ばれるGUIの部品と、Entryウィジェットを組み合わせたようなウィジェットです。ttk版しかありません。

Comboboxウィジェットでは、表示される値の候補の中から1つを選択できるだけではなく、値を自由に入力できます。

Comboboxウィジェットは「Combobox関数」で生成します。Combobox関数の主なオプションは**表1**のようになります。

表1●Combobox関数（ttk版）の主なオプション

オプション	説明
justify	テキストの配置位置を指定 設定値：tkinter.LEFT、tkinter.CENTER、tkinter.RIGHT
postcommand	下矢印をクリックしたときに実行するハンドラ関数を指定
state	コンボボックスの状態を指定 設定値：'normal'、'readonly'、'disabled'
values	項目のリストを指定
width	幅（文字単位）を指定

リスト2の「combobox.py」は、Comboboxウィジェットのテストプログラムです。実行例を**図3**に示します。

リスト2●「combobox.py」。Comboboxウィジェットのテストプログラム

```
import tkinter as tk
import tkinter.ttk as ttk
from tkinter import messagebox

# ハンドラ関数
def click_get():
  # 選択されている値を取得して
  # メッセージボックスで表示
  messagebox.showinfo('Combobox', combobox_1.get())
```

```
# トップレベルウインドウの生成
root = tk.Tk()
root.geometry('300x100')
root.title('Combobox Test')

number = ['1', '2', '3', '4', '5']

# Comboboxウィジェットの生成
combobox_1 = ttk.Combobox(
  root,
  state='normal',
  values=number,  # 候補のリストを渡す
  width=5)
# リストの先頭を選択した状態にする
combobox_1.current(0)
combobox_1.pack(expand=True)

# Buttonウィジェットの生成
button_1 = tk.Button(
  root,
  text='表示',
  command=click_get)
button_1.pack(expand=True)

root.mainloop()
```

候補の値をリストで用意しておき、Combobox関数のvaluesオプションに渡す

current関数

図3●combobox.pyの実行例

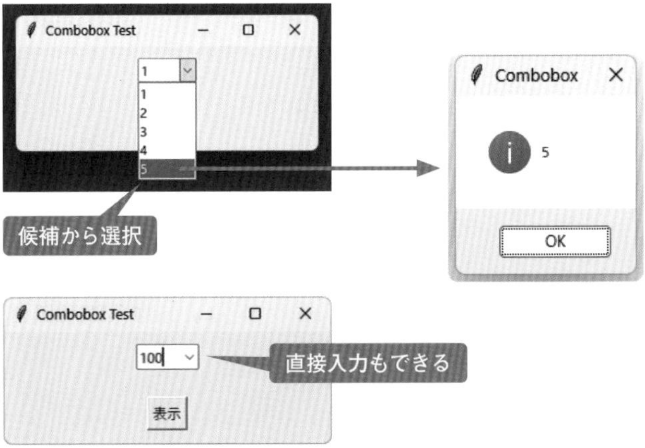

候補として表示する値は、あらかじめリストとして用意しておき、Combobox関数の「valuesオプション」に渡します。

```
number = ['1', '2', '3', '4', '5']

combobox_1 = ttk.Combobox(
  root,
  state='normal',
  values=number,
  width=5)
```

選択、または入力された値は「combobox_1.get()」のように、「get関数」で取得できます。

■current関数

「current関数」を使うと、初期状態で選択されている値を、リストのインデックスで設定できます。ここでは、初期状態の値を1にするために、1のインデックスである0を引数に与えています。

```
combobox_1.current(0)
```

なお、current関数で初期状態の値を設定しないと、"何も選択されていない"初期状態になります（図4）。

図4●"何も選択されていない"初期状態

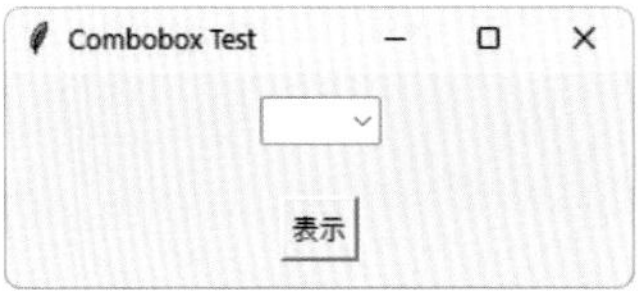

■自由に入力できなくする

値を自由に入力できる点がComboboxウィジェットの特徴ですが、この機能を無効にしたいときもあるでしょう。そのようなときは、「stateオプション」に'rea donly'を設定します。

アプリを仕上げる

割り勘計算機のアプリを完成させましょう。プログラムは**リスト3**の「warikan_app.py」になります。

リスト3●「warikan_app.py」。割り勘計算機のプログラム

```
import tkinter as tk
import tkinter.ttk as ttk
from tkinter import messagebox
import math

# ハンドラ関数                                        (3)
def calculation_result():
  t = int(total.get()) # 金額( 円 )
  e = int(erai.get())  # 偉い人(人数)
  h = int(hira.get())  # 平社員(人数)
  s = int(shin.get())  # 新人(人数)
  kanj = 2             # 幹事(1人)

  # 割り勘のルールに従って計算
  # ベースを計算
  base = math.floor(t / (e * 3 + h * 2 + s + kanj))
  # 偉い人はベースの約3倍
  erai_pay = 0 if e == 0 else (math.ceil(base * 3 / 100) * 100)
  # 平社員はベースの約2倍
  hira_pay = 0 if h == 0 else (math.ceil(base * 2 / 100) * 100)
  # 新人はほぼベースの金額
  shin_pay = 0 if s == 0 else (math.ceil(base * 1 / 100) * 100)
  # 幹事の金額の計算
  kanji_pay = base * kanj
  total2 = erai_pay * e + hira_pay * h + shin_pay * s + kanji_
pay
  kanji_pay  = kanji_pay  - (total2 - t)

  # 計算結果の表示
  c = [['偉い人は :', str(erai_pay)], ['平社員は :', str(hira_pay
)],
      ['新人は :', str(shin_pay)], ['幹事は :', str(kanji_pay)]]
```

```
    for i in range(len(out_label)):
        out_label[i][0]['text'] = c[i][0]
        out_label[i][1]['text'] = c[i][1]

    # 計算結果画面へ切り替え
    out_frame.tkraise()                                  (3)

# トップレベルウインドウの生成
root = tk.Tk()
root.geometry('300x220')
root.title('Warikan App')

# 入力画面の作成
in_frame = tk.Frame(root)                                (1)
in_frame.grid(row=0, column=0, sticky=tk.NSEW)

# Entryウィジェットの生成                                 (2)
total = tk.Entry(
    in_frame,
    width=10)
total.insert(0, 0)

# Labelウィジェットの生成
s = ('金　額(　円　)',
     '偉い人(人数)',
     '平社員(人数)',
     '新　人(人数)',
     '幹　事(1人)')
in_label = []
for i in range(len(s)):
    in_label.append(tk.Label(
        in_frame,
        text=s[i]))

# Comboboxウィジェットの生成
number = ('0', '1', '2', '3', '4',
          '5', '6', '7', '8', '9')
erai = ttk.Combobox(
    in_frame,
    values=number,
    width=8)
erai.current(0)
hira = ttk.Combobox(
```

```
  in_frame,
  values=number,
  width=8)
hira.current(0)
shin = ttk.Combobox(
  in_frame,
  values=number,
  width=8)                                        ─(2)
shin.current(0)

# Buttonウィジェットの生成
button_1 = tk.Button(
  in_frame,
  text='計算',
  command=calculation_result)

# 列、行の割合を指定
for i in range(2):
  in_frame.columnconfigure(i, weight=1)
for i in range(6):
  in_frame.rowconfigure(i, weight=1)

in_label[0].grid(column=0, row=0)
total.grid(column=1, row=0)
in_label[1].grid(column=0, row=1)
erai.grid(column=1, row=1)
in_label[2].grid(column=0, row=2)
hira.grid(column=1, row=2)
in_label[3].grid(column=0, row=3)
shin.grid(column=1, row=3)
in_label[4].grid(column=0, row=4, rowspan=2 )
button_1.grid(column=1, row=5, sticky=tk.N)

# 計算結果画面の作成
out_frame = tk.Frame(root)
out_frame.grid(row=0, column=0, sticky=tk.NSEW)   ─(4)

# 計算結果画面の割合を指定
out_frame.columnconfigure(0, weight=1)
out_frame.columnconfigure(1, weight=1)
for i in range(5):
  out_frame.rowconfigure(i, weight=1)
```

```
# Labelウィジェットの生成
out_label = []
for i in range(4):
  out_label.append([tk.Label(out_frame, padx=20),
                    tk.Label(out_frame, padx=20)])

# Buttonウィジェットの生成
button_2 = tk.Button(                                          —(5)
  out_frame,
  text='計算に戻る',
  command=lambda:in_frame.tkraise())

for i in range(len(out_label)):
  out_label[i][0].grid(column=0, row=i, sticky='e')
  out_label[i][1].grid(column=1, row=i, sticky='w')
button_2.grid(column=0, row=4, columnspan=2, sticky='n')

# トップレベルウインドウの割合を指定
root.columnconfigure(0, weight=1)
root.rowconfigure(0, weight=1)

# 入力画面を前面にする
in_frame.tkraise()

root.mainloop()
```

まず、(1) で入力画面のFrameウィジェット（in_frame）を生成し、トップレベルウインドウ（root）に配置します。その後、(2) でin_frameに、「金　額（円）」を入力するためのEntryウィジェット（total）を1個、「金　額（円）」や「偉い人（人数)」などを表示するためのLabelウィジェットを5個、「偉い人（人数)」や「平社員（人数)」、「新　人（人数)」の人数を入力するためのComboboxウィジェットを3個、そして「計算」ボタンのButtonウィジェットを1個生成して配置します。

「計算」ボタンのハンドラ関数には（3）の「calculation_result関数」を設定します。

続いて、(4) で計算結果画面のFrameウィジェット（out_frame）をin_frameと同様に生成して配置します。その後、(5) でout_frameに、割り勘の計算結果を表示するためのLabelウィジェットを8個、入力画面に戻るための「計算に戻る」ボタンのButtonウィジェットを1個生成して配置します。

各ウィジェットと変数の対応は**図5**の通りです。

図5●各ウィジェットと変数の対応

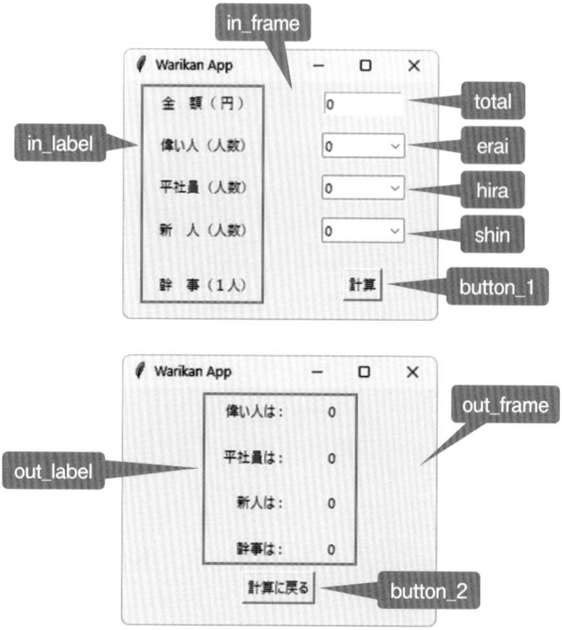

「計算」ボタンが押されると、ハンドラ関数である（3）のcalculation_result関数を実行します。この関数では、ウィジェットのget関数を使って、入力された金額と人数を取得した後、割り勘の計算を行います。

割り勘の計算では、「mathモジュール」の「floor関数」と「ceil関数」を利用しています。

floor関数は、小数点以下を切り捨てる関数です。コマンドプロンプト等で「python」と入力して、Pythonの対話モードを立ち上げ、floor関数の挙動を確認してみましょう。

```
>>> import math
>>> math.floor(123.45)
123
>>> math.floor(456.78)
```

```
456
```

一方、ceil関数は小数点以下を切り上げます。こちらも挙動を確認しましょう。

```
>>> import math
>>> math.ceil(123.45)
124
>>> math.ceil(456.78)
457
```

話が少し細かくなりますが、割り勘の計算をどのように行っているのかを説明しておきましょう。まず、次の式で計算のベース（base）となる値を求めます。


```
base = math.floor(金額 / (偉い人の人数 * 3 + 平社員の人数 * 2 + 新人の人数 + 幹事))
```

ここで幹事の値は2です。

ベース（base）を求めたら、偉い人1人当たりの支払い金額（erai_pay）を次のように計算します。

```
erai_pay = 0 if 偉い人の人数 == 0 else (math.ceil(base * 3 / 100) * 100)
```

三項演算子を使い、偉い人の人数≠0なら、baseを3倍して100で割り、ceil関数を適用して小数点以下を切り上げした値に100を掛けた値を求めます。この値が、偉い人1人当たりの支払い金額になります。100で割って、ceil関数を適用して、100を掛けることで、1の位と10の位が0になるので、1円玉と10円玉のやり取りが発生しなくなります。

平社員1人当たりの支払い金額（hira_pay）と新人1人当たりの支払い金額（shin_pay）も、baseに掛ける値は異なりますが、同様に計算します。

```
hira_pay = 0 if h == 0 else (math.ceil(base * 2 / 100) * 100)
shin_pay = 0 if s == 0 else (math.ceil(base * 1 / 100) * 100)
```

平社員1人当たりの支払い金額の計算ではbaseを2倍、新人1人当たりの支払い金額の計算ではbaseを1倍しています。

幹事（1人）の支払い金額（kanji_pay）は、とりあえずbaseを2倍した値を仮の金額にしておきます。その後、次の式を計算します。

```
total2 = 偉い人1人当たりの支払い金額 * 偉い人の人数 + 平社員1人当たりの支払い金額 * 平社員の人数 + 新人1人当たりの支払い金額 * 新人の人数 + 幹事(1人)の仮の支払い金額
```

そして、入力された金額（t）からこのtotal2を引いた値を、幹事の仮の支払い金額から引き、その値を最終的な幹事の支払い金額とします。

```
kanji_pay  = kanji_pay  - (total2 - t)
```

割り勘の計算が終わったら、計算結果画面のLabelウィジェットの内容を変更し、次のコードで計算結果画面を表示しています。

```
out_frame.tkraise()
```

割り勘計算機のアプリであるwarikan_app.pyの実行例を**図6**に示します。

図6●warikan_app.pyの実行例

偉い人1人当たりの支払い金額は新人1人当たりの約3倍、平社員1人当たりの支払い金額は新人1人当たりの約2倍になっています。また、集金の対象となる偉い人、平社員、新人は1円玉や10円玉を用意しなくてもよくなっています。幹事(1人)は、幹事の手間の分だけ、支払い金額が平社員1人当たりよりもちょっとだけ少なくなっています。

第5章 お絵描きアプリ

Tkinterは、「Canvasウィジェット」という、1ピクセル単位でグラフィックスを描画できるウィジェットを用意しています。ここでは、Canvasウィジェットを使って、マウスで絵を描ける「お絵描きアプリ」を作ってみます。

お絵描きアプリの機能と処理は次のようにします。

機能と処理

(a) マウスで描画できる
(b) 描画する色を選択できる
(c) 描画するペンの太さを選択できる

GUIのデザイン

作成するお絵描きアプリのGUIのデザインは、**図1**のようにします。

利用するウィジェットは次の通りです。

Canvasウィジェット×3個
Buttonウィジェット×1個
Scaleウィジェット×1個

これらのウィジェットに加えて、「カラー選択ダイアログ」の「colorchooserモジュール」を利用します。

Canvasウィジェットは、描画領域だけではなく、ペンの色の表示とペンの太さの表示にも使います。

図1●お絵描きアプリのGUIのデザイン

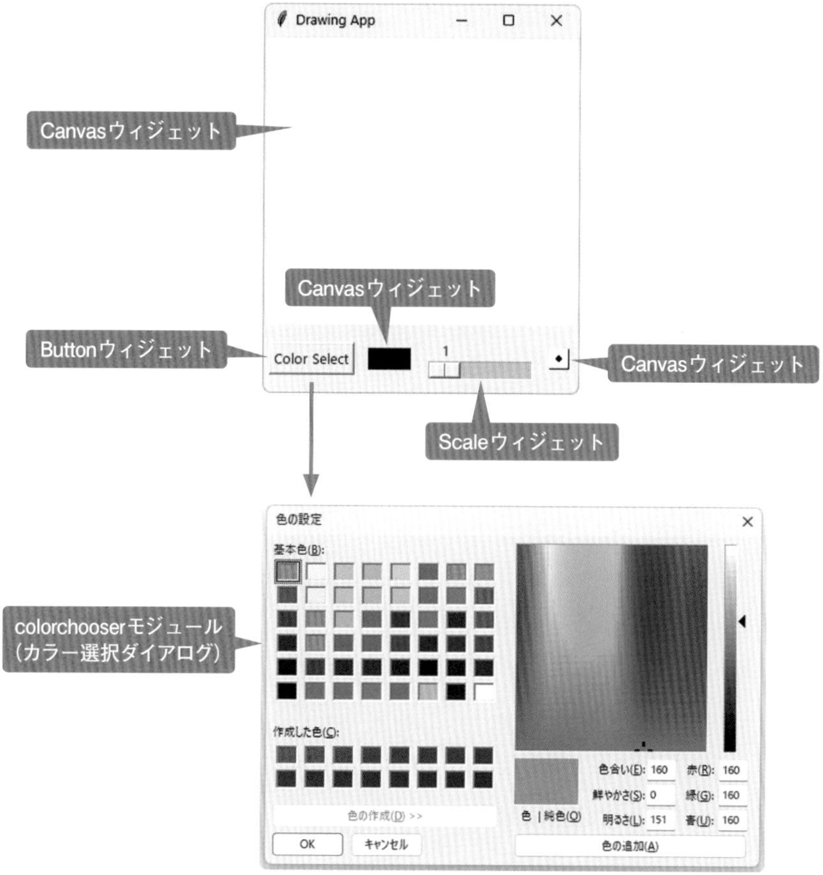

Canvasウィジェット

Canvasウィジェットは、1ピクセル単位で、円、線、四角形などの図形、および画像を表示できるウィジェットです。お絵描きアプリや画像処理アプリ、ゲームアプリなどでの利用に向いています。

Canvasウィジェットの生成には「Canvas関数」を使います。Canvas関数の主なオプションは**表1**の通りです。

表1●Canvas関数の主なオプション

オプション	説明
borderwidth	枠線の幅を指定
cursor	マウスオーバー時のカーソルタイプを指定
scrollregion	Canvasウィジェットをスクロールできる領域の大きさを指定
xscrollcommand	横方向スクロールバーのスクロールバーを指定
yscrollcommand	縦方向スクロールバーのスクロールバーを指定
xscrollincrement	横方向のスクロールバーの矢印をクリックしたときの移動量を指定
yscrollincrement	縦方向のスクロールバーの矢印をクリックしたときの移動量を指定
relief	枠線タイプを指定
background	背景色を指定
height	Canvasウィジェットの高さ(ピクセル単位)を指定
width	Canvasウィジェットの幅(ピクセル単位)を指定

リスト1の「canvas_01.py」は、200×200ピクセルのCanvasウィジェットを表示するプログラムです。backgroundオプションに'blue'を与えることで、Canvasウィジェットを青色にしています。実行結果は**図2**です。

リスト1●「canvas_01.py」。Canvasウィジェットを表示するテストプログラム

```
import tkinter as tk

root = tk.Tk()
root.title('Canvas Test')
root.geometry('300x300')

# Canvasウィジェットの生成
canvas = tk.Canvas(
  root,
  width=200,
  height=200,
  background='blue')
canvas.pack(expand=True)

root.mainloop()
```

図2●canvas_01.pyの実行結果

■いろいろな図形や画像を描画する

Canvasウィジェットには、楕円、円、直線、折れ線、矩形（四角形）、円弧、ポリゴン（多角形）、画像などを描画できます。Canvasウィジェットは、これらを描画するための専用の関数を用意しています（**表2**）。

表2●Canvasウィジェットで利用できる、図形や画像を描画するための関数

関数	説明
id = C.create_oval(x0, y0, x1, y1, option, ...)	楕円、円を描画
id = C.create_line(x0, y0, x1, y1, ..., xn, yn, option, ...)	直線、折れ線を描画
id = C.create_rectangle(x0, y0, x1, y1, option, ...)	矩形を描画
id = C.create_arc(x0, y0, x1, y1, option, ...)	円弧を描画
id = C.create_polygon(x0, y0, x1, y1, ..., option, ...)	ポリゴン（多角形）を描画
id = C.create_image(x, y, *options ...)	画像を描画

※Cは、生成したCanvasウィジェットです。
※戻り値のidは、生成した図形オブジェクトのidです。

リスト2の「canvas_02.py」は、表2の関数のテストプログラムです。実行して、Canvasウィジェットをクリックすると、円、直線、四角形、円弧、多角形、画像（nsw.png）の順に表示します（**図3**）。画像ファイルのnsw.pngは、canvas_02.pyと同じフォルダーに置いておきます。

リスト2●「canvas_02.py」。表2の関数のテストプログラム

```
import tkinter as tk

# グローバル変数
change = 0

# ハンドラ関数
def click_next(event):
  global change

  # Canvasウィジェットを消去
  canvas_1.delete('all')

  if change == 0:
    # 円を描く
    canvas_1.create_oval(50, 50,
                         150, 150,
                         width=4)
  elif change == 1:
    # 線を描く
    canvas_1.create_line(50, 50,
                         150, 150,
                         width=4)
  elif change == 2:
    # 四角形を描く
    canvas_1.create_rectangle(50, 50,
                              150, 150,
                              width=4)
  elif change == 3:
    # 円弧を描く
    canvas_1.create_arc(50, 50,
                        150, 150,
                        start=45,
                        extent=135,
                        width=4)
  elif change == 4:
    # 多角形を描く
    canvas_1.create_polygon(75, 50,
                            125, 50,
                            150, 75,
                            150, 125,
                            125, 150,
```

create_oval関数

create_line関数

create_rectangle関数

create_arc関数

create_polygon関数

```
                            75, 150,
                            50, 125,
                            50, 75)
  elif change == 5:
    # 画像を描く
    canvas_1.create_image(100, 100,
                          image=img)

  change = change + 1
  if change > 6:
    root.destroy()  # プログラムの終了

# トップレベルウインドウの生成
root = tk.Tk()
root.title('Canvas Test')
root.geometry('300x300')

# 画像ファイルの読み込み
img = tk.PhotoImage(file='nsw.png')

# Canvasウィジェットの生成
canvas_1 = tk.Canvas(
  root,
  width=200,
  height=200,
  background='white')
canvas_1.bind('<ButtonPress-1>', click_next)
canvas_1.pack(expand=True)

root.mainloop()
```

create_image関数

図3●canvas_02.pyの実行結果（1/2）

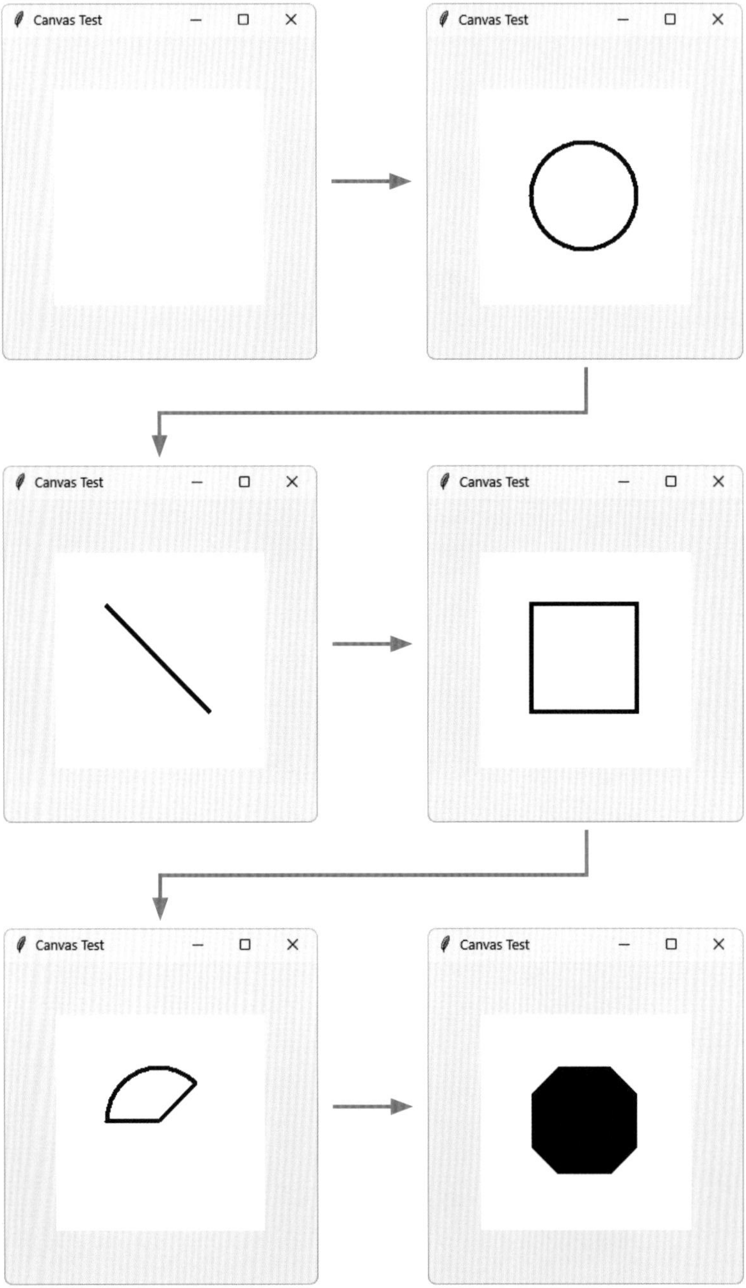

図3●canvas_02.pyの実行結果(2/2)

この中で、create_oval関数とcreate_line関数、create_rectangle関数はお絵描きアプリで使うので、少し詳しく説明しましょう。

▶ create_oval関数

canvas_02.pyでの円の描画では、create_oval関数を次のように実行しています。

```
canvas_1.create_oval(50, 50,
                     150, 150,
                     width=4)
```

これで、左上の頂点の座標が（50, 50）で、右下の頂点の座標が（150, 150）の四角形に内接する円を描画できます（**図4**）。

図4●円を描画する

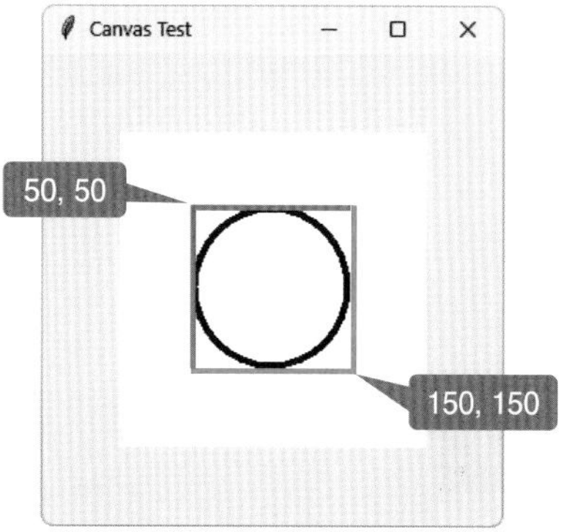

やや細かい話をすると、図4の四角形のオレンジの辺と円は重なりますが、青い辺と円は重なりません。

create_oval関数の主なオプションを**表3**に示します。

表3●create_oval関数の主なオプション

オプション	説明
dash	輪郭線の破線スタイルを(線の長さ, 間隔)のタプルで指定
outline	輪郭線の色を指定
fill	領域を塗りつぶす色を指定
width	線の幅をピクセルで指定
state	線の状態 設定値：tkinter.NORMAL(通常)、tkinter.HIDDEN(非表示)、tkinter.DISABLED(無効)
tag	図形の識別用文字列を指定

▶create_line関数

canvas_02.pyでの線の描画では、create_line関数を次のように実行しています。

```
canvas_1.create_line(50, 50,
                     150, 150,
                     width=4)
```

これで、座標（50, 50）から座標（150, 150）に伸びる線を描画できます（**図5**）。

図5●線を描画する

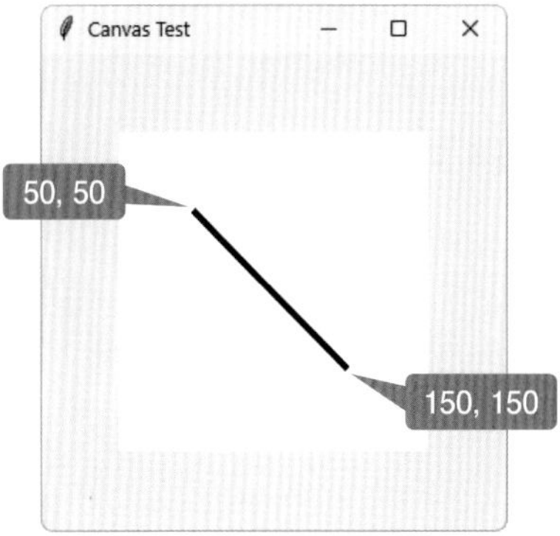

create_line関数の主なオプションを**表4**に示します。

表4●create_line関数の主なオプション

オプション	説明
dash	破線スタイルを（線の長さ, 間隔）のタプルで指定
arrow	線の矢印の指定 設定値：tkinter.FIRST、tkinter.LAST、tkinter.BOTH
arrowshape	矢印の形状をタプルで指定
capstyle	線の端の形状を指定 設定値：tkinter.BUTT（平坦）、tkinter.ROUND（丸み）
fill	線の色を指定
splinesteps	スプライン曲線のセグメント数を設定
width	線の幅をピクセルで指定
joinstyle	折れ線のつなぎ目のスタイルを指定
state	線の状態 設定値：tkinter.NORMAL（通常）、tkinter.HIDDEN（非表示）、tkinter.DISABLED（無効）
tag	図形の識別用文字列を指定
smooth	折れ線をスプライン曲線にする指定 設定値：True、False

▶ create_rectangle関数

四角形の描画では、create_rectangle関数を次のように実行しています。

```
canvas_1.create_rectangle(50, 50,
                          150, 150,
                          width=4)
```

これで、左上の頂点の座標が（50, 50）で、右下の頂点の座標が（150, 150）の四角形を描画できます（**図6**）。

図6●四角形を描画する

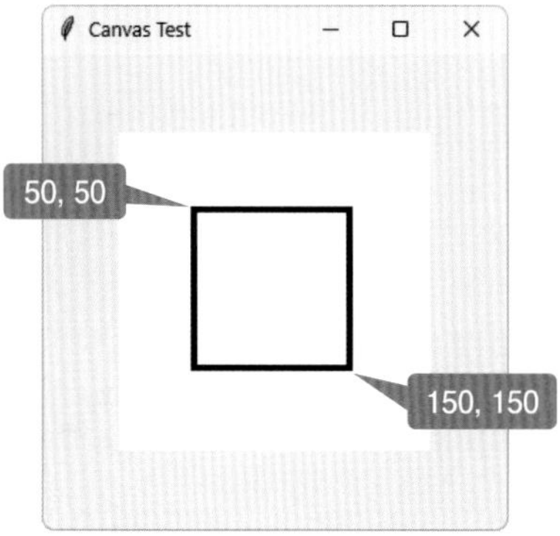

create_rectangle関数の主なオプションを**表5**に示します。

表5●create_rectangle関数の主なオプション

オプション	説明
dash	輪郭線の破線スタイルを（線の長さ, 間隔）のタプルで指定
outline	輪郭線の色を指定
fill	領域を塗りつぶす色を指定
width	線の幅をピクセルで指定
state	線の状態 設定値：tkinter.NORMAL（通常）、tkinter.HIDDEN（非表示）、tkinter.DISABLED（無効）
tag	図形の識別用文字列を指定

▶図形はオブジェクトとして保持されている

ちなみに、Canvasウィジェットに描画した図形は、オブジェクトとして生成され､保持されています。各図形は「id」または「tag属性」の名前で指定できます。

図形を描画する関数は、図形のidを戻り値で返しています。また、図形を描画する関数の「tagオプション」を使うと、図形に名前を付けることができます。

そして、idやtag属性の名前がわかれば、特定の図形だけを消去できます。

リスト3の「canvas_03.py」は、図形のidやtag属性の名前を使って、特定の図形だけを消去するテストプログラムです。実行例を**図7**に示します。

リスト3●「canvas_03.py」。idやtag属性の名前を使って、特定の図形だけを消去するテストプログラム

```
import tkinter as tk

# グローバル変数
id = None

# ハンドラ関数
def oval_draw():
  global id
  if id == None:
    id = canvas_1.create_oval(40, 40,
                              160, 160,
                              width=4)

def oval_delete():
  global id
  canvas_1.delete(id)   # idで削除
  id = None

def rectangle_draw():
  canvas_1.create_rectangle(50, 50,
                            150, 150,
                            width=4,
                            tag='rectangle')

def rectangle_delete():
  # tag属性の名前で削除
  canvas_1.delete('rectangle')
```

円を描いて円のオブジェクトのidを取得

idで指定した図形のオブジェクトを削除

tagオプションで図形の名前を設定

tag属性の名前で指定した図形のオブジェクトを削除

```
def all_delete():
  global id
  canvas_1.delete('all')
  id = None

root = tk.Tk()
root.title('Canvas Test')
root.geometry('300x250')

# ウィジェットの生成
canvas_1 = tk.Canvas(
  root,
  width=200,
  height=200,
  background='white')
button_1 = tk.Button(
  root,
  text='oval',
  command=oval_draw)
button_2 = tk.Button(
  root,
  text='o_delete',
  command=oval_delete)
button_3 = tk.Button(
  root,
  text='rectangle',
  command=rectangle_draw)
button_4 = tk.Button(
  root,
  text='r_delete',
  command=rectangle_delete)
button_5 = tk.Button(
  root,
  text='all_delete',
  command=all_delete)

for i in range(5):
  root.columnconfigure(i, weight=1)

root.rowconfigure(1, weight=1)

canvas_1.grid(column=0, row=0, columnspan=5)
button_1.grid(column=0, row=1)
```

Canvasウィジェット全体を消去

5つのボタンを生成

```
button_2.grid(column=1, row=1)
button_3.grid(column=2, row=1)
button_4.grid(column=3, row=1)
button_5.grid(column=4, row=1)

root.mainloop()
```

図7●canvas_03.pyの実行例。「oval」ボタンで円を、「rectangle」ボタンで四角形を描画できる。また、「o_delete」ボタンで円だけを、「r_delete」ボタンで四角形だけを消去できる。「all_delete」ボタンを押すと、すべてを消去できる

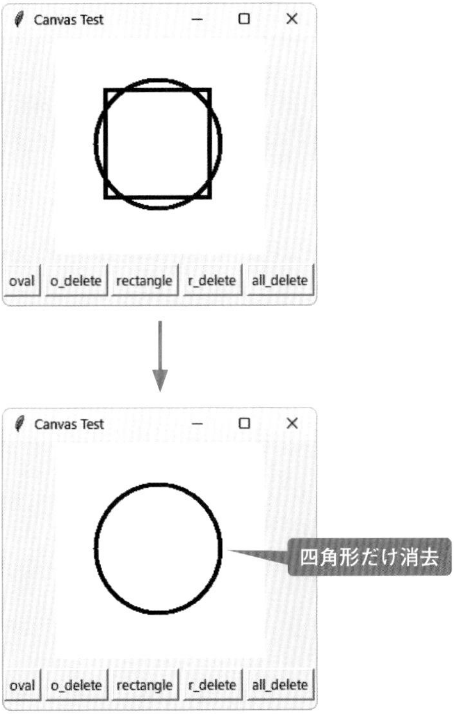

canvas_03.pyでは、create_oval関数で描いた円のオブジェクトのidを変数idで保持しています。また、create_rectangle関数で四角形を描くときに、tagオプションに'rectangle'を与えています。つまり、四角形に'rectangle'という名前を付けています。

そして、idとtag属性の名前を使って、次のように指定の図形だけを消去できる

ようにしています。

```
canvas_1.delete(id)

canvas_1.delete('rectangle')
```

delete関数は図形を消去する関数です。delete関数の引数にidやtag属性の名前を与えることで、消去する図形を指定します。なお、「canvas_1.delete('all')」のように'all'を指定すると、Canvasウィジェット全体を消去できます。

図7では、「oval」ボタンを押して円を描画し、「rectangle」ボタンを押して四角形を描画した後、「r_delete」ボタンを押して、四角形だけを消去しています。

colorchooserモジュール

colorchooserモジュールは、「カラー選択ダイアログ」を利用するためのものです。「askcolor関数」を実行すると、カラー選択ダイアログが表示されます。そして、ユーザーが色を選択すると、「(RGB値, カラーコード)」の形式のタプルで、askcolor関数は選択された色の情報を返します。

リスト4の「color.py」は、カラー選択ダイアログを使うテストプログラムです。「色の設定」ボタンを押すと、カラー選択ダイアログを表示します。実行例を**図8**に示します。

リスト4●「color.py」。カラー選択ダイアログを使うテストプログラム

```
import tkinter as tk
from tkinter import colorchooser

# ハンドラ関数
def color_settings():
  #「カラー選択ダイアログ」の表示
  c = colorchooser.askcolor()
  print(c)

root = tk.Tk()
root.title('Color Test')
root.geometry('250x60')
```

```
button_1 = tk.Button(
    root,
    text='色の設定',
    command=color_settings)
button_1.pack(expand=True)

root.mainloop()
```

図8●color.pyの実行例

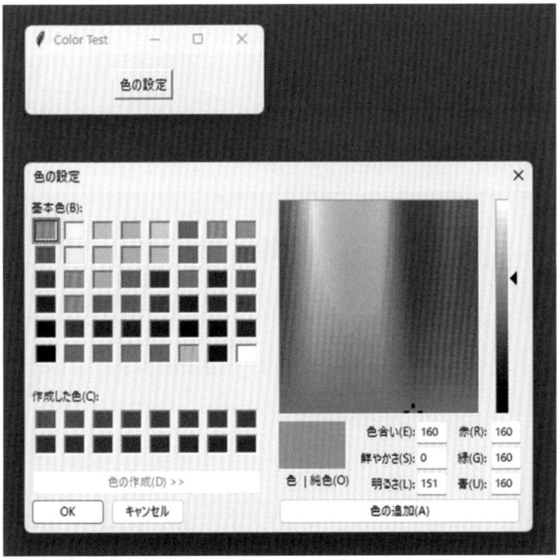

color.pyで表示されたカラー選択ダイアログでユーザーが色を選択すると（つまり、ユーザーがカラー選択ダイアログの「OK」ボタンを押すと）、コマンドプロンプト等に、「((99, 91, 230), '#635be6')」のように、選択された色の情報が表示されます。これはaskcolor関数が返すタプルです。

ユーザーがカラー選択ダイアログの「キャンセル」ボタンか、右上の「×」ボタンを押してダイアログを閉じた場合は、askcolor関数は（None, None）という色の情報ではないタプルを返すので、注意しましょう。

カラー選択ダイアログの見た目はOSに依存する部分です。例えば、macOSのカラー選択ダイアログは**図A**のようになります。

図A●macOSのカラー選択ダイアログ

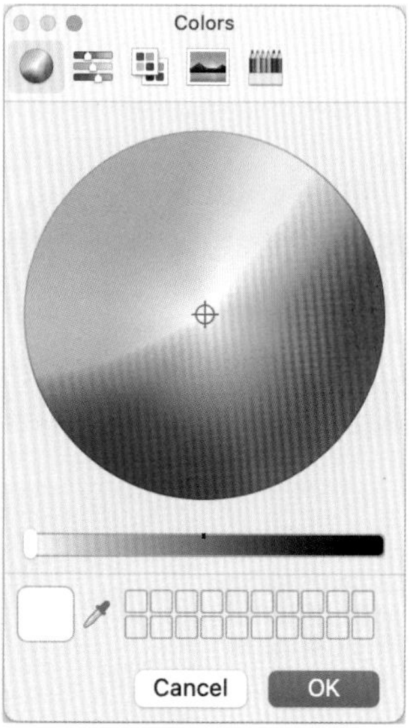

アプリを仕上げる

お絵描きアプリを完成させましょう。プログラムは**リスト5**の「drawing_app.py」になります。実行例を**図9**に示します。

リスト5●「drawing_app.py」。お絵描きアプリのプログラム

```
import tkinter as tk
from tkinter import colorchooser

# グローバル変数
sx, sy = 0, 0
color = 'black'
```

```
# ハンドラ関数
def on_pressed(event):
  global sx, sy
  sx, sy = event.x, event.y                              —(2)
  canvas_1.create_oval(sx, sy, sx, sy,
                       outline=color,
                       width=scale_1.get())

def on_dragged(event):
  global sx, sy
  canvas_1.create_line(sx, sy, event.x, event.y,
                       fill=color,                       —(3)
                       width=scale_1.get())
  sx, sy = event.x, event.y

def change_color():
  global color
  c = colorchooser.askcolor()
  if c[1] == None: return                                —(4)
  color = c[1]
  canvas_2['background'] = c[1]
  change_pen(scale_1.get())

def change_pen(value):
  canvas_3.delete('all')
  canvas_3.create_rectangle(0, 0, 20, 20,
                            fill='white')
  size = float(value) / 2
  canvas_3.create_oval(10-size, 10-size,                 —(5)
                       10+size, 10+size,
                       outline=color,
                       fill=color,
                       width=1)

# トップレベルウインドウの生成
root = tk.Tk()
root.title('Drawing App')
root.geometry('300x330')

# Canvasウィジェットの生成
canvas_1 = tk.Canvas(
  root,
```

```
  background='white')
canvas_1.bind('<ButtonPress-1>', on_pressed)
canvas_1.bind('<Button1-Motion>', on_dragged)

canvas_2 = tk.Canvas(
  root,
  width=40,
  height=20,
  background='black')

canvas_3 = tk.Canvas(
  root,
  width=20,
  height=20)

# Buttonウィジェットの生成
button_1 = tk.Button(
  root,
  text='Color Select',
  command=change_color)

# Scaleウィジェットの生成
scale_1 = tk.Scale(
  root,
  orient=tk.HORIZONTAL,
  from_=1,
  to=10,
  command=change_pen)

change_pen(5.0)   # ペンを初期値に設定

# 4列の割合を指定
for i in range(4):
  root.columnconfigure(i, weight=1)

# 2行目の割合を指定
# (1行目のCanvasはグリッド側に合わせる)
root.rowconfigure(1, weight=1)

canvas_1.grid(column=0, row=0, columnspan=4)
button_1.grid(column=0, row=1)
canvas_2.grid(column=1, row=1)
scale_1.grid(column=2, row=1)
```

(1)

commandオプションに
change_color関数を設定

commandオプションに
change_pen関数を設定

```
canvas_3.grid(column=3, row=1)

root.mainloop()
```

図9●drawing_app.pyの実行例

各変数とウィジェットの対応は図10の通りです。

図10●各変数とウィジェットの対応

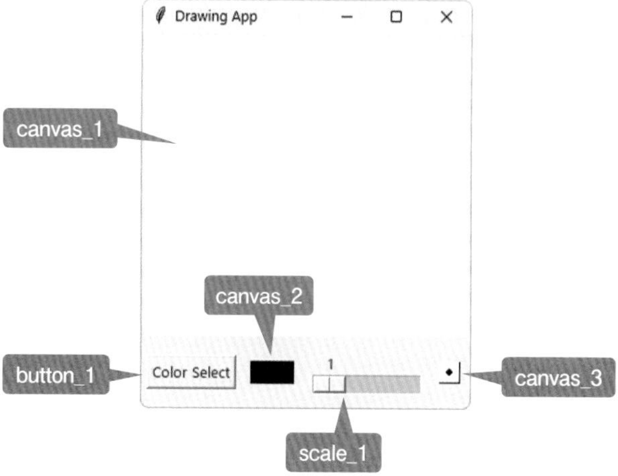

drawing_app.pyでは、(1) でマウスの左ボタンに関する2つのイベントと、そのハンドラ関数を次のように設定しています。

```
canvas_1.bind('<ButtonPress-1>', on_pressed)
canvas_1.bind('<Button1-Motion>', on_dragged)
```

「<Button1-Motion>イベント」は、マウスのドラッグで発生するイベントです。このイベントはドラッグ中に、短い間隔で何度も発生します。

これで左ボタンを押したときにon_pressed関数が、左ボタンを押しながらマウスを動かしたときにon_dragged関数が実行されます。

(2) のon_pressed関数では、create_oval関数を使って、次のように“点”を描画しています。

```
sx, sy = event.x, event.y
canvas_1.create_oval(sx, sy, sx, sy,
                     outline=color,
                     width=scale_1.get())
```

event.xとevent.yには、左ボタンを押したときのマウスの座標が格納されています。

ここでは、第1引数と第3引数に同じsxを、第2引数と第4引数に同じsyを指定しているので、円ではなく点の描画になります。

一方、(3) のon_dragged関数では、create_line関数を使って、線を描画しています。

```
canvas_1.create_line(sx, sy, event.x, event.y,
                     fill=color,
                     width=scale_1.get())
sx, sy = event.x, event.y
```

グローバル変数のsxとsyには、左ボタンが押されたときのマウスの座標が格納されています。また、event.xとevent.yには、ドラッグされた後のマウスの座標が格納されています。よって、座標（sx, sy）から座標（event.x, event.y）に線を描きます。その後、event.xとevent.yの値をsxとsyに格納します。

ドラッグ中は<Button1-Motion>イベントが何度も発生するので、次のon_dragged関数の実行では、座標（sx, sy）から、値が更新されている座標（event.x, event.y）に線を描きます。こうすることで、マウスの動きに合わせて線を描くことができます。

▶ askcolor関数の戻り値をチェックする

（4）のchange_color関数は、線の色を変更する処理を担当します。線の色は、グローバル変数のcolorに保持させています。

カラー選択ダイアログで、ユーザーが「キャンセル」ボタンか右上の「×」ボタンを押してダイアログを閉じると、(None, None）が返ります。Noneは色の情報ではありませんから、colorやCanvasウィジェットのbackground属性に設定できません。そこで、askcolor関数の戻り値をチェックし、(None, None）が返ってきた場合は、関数を終了するようにしています。

```
if c[1] == None: return
```

▶ Scaleウィジェットのハンドラ関数の引数

Scaleウィジェットのハンドラ関数として、（5）のchange_pen関数をcommandオプションで指定しています。このハンドラ関数は、引数（ここではvalue）を持ちます。

Scaleウィジェットのつまみを動かすとハンドラ関数が実行されますが、その際、引数にはつまみの値が文字列で格納されます。change_pen関数では引数valueからつまみの値を取得し、float型に変換して、線の太さの設定に利用しています。

第6章 神経衰弱ゲーム

第2部の最後に作成するのは、トランプゲームの定番である「神経衰弱ゲーム」のアプリです。Canvasウィジェットを使って作ってみます。

すべてのトランプのカードを使うとクリアするのに時間がかかりますから、10枚しかカードを使わない神経衰弱ゲームにします。

▶トランプの画像を用意する

トランプゲームなので、トランプの画像が必要です。自分で描くこともできますが、ゲーム用のフリー素材を使うのが手軽です。今回は、「Kenney」というサイトが配布している素材を使うことにします。KenneyのURLは次の通りです。

```
https://kenney.nl/
```

Kenneyのサイトにアクセスしたら、「Get free assets」をクリックして、「card」で検索します。すると、「Boardgame Pack」というトランプの画像を含む素材集が見つかります（**図1**）。ここではこれを利用しましょう。

「Download」ボタンを押すと、「kenney_boardgame-pack.zip」というファイルを入手できます。なお、この素材集のライセンスは「Creative Commons CC0」なので、商用利用も含めて、自由に利用できます。

図1●Kenneyのサイトからダウンロードできるフリー素材集の「Boardgame Pack」。トランプの画像が含まれている

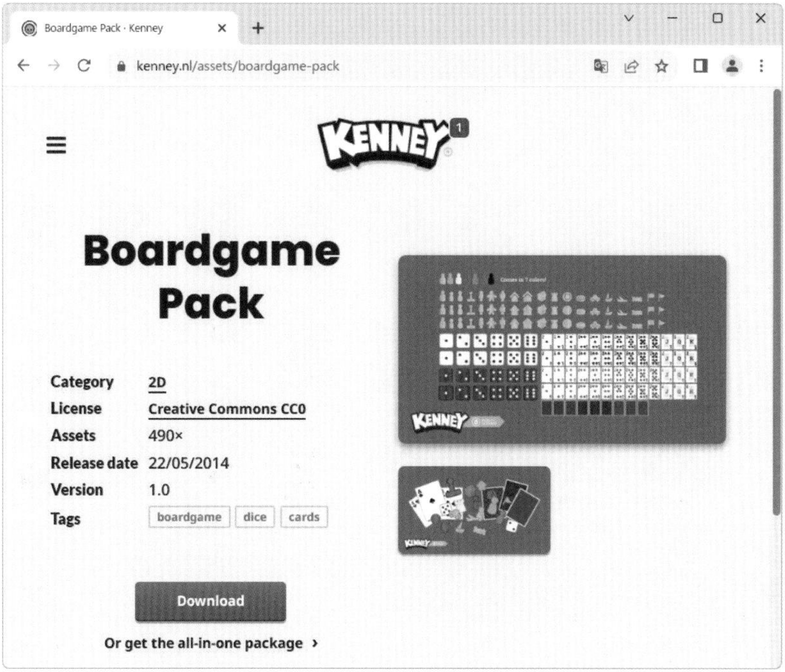

kenney_boardgame-pack.zipに含まれる「license.txt」には、次のように記載されています。

```
  CC0 License (Creative Commons Zero)
  http://creativecommons.org/publicdomain/zero/1.0/

  You may use these graphics in personal and commercial pro⏎
jects.
  Credit (Kenney or www.kenney.nl) would be nice but is not⏎
 mandatory.
```

kenney_boardgame-pack.zip を展開すると、kenney_boardgame-pack フォルダーが現れます。この中の「PNG」フォルダーにある「Cards」フォルダーの中の

画像ファイル（PNG形式）を利用しましょう（図2）。

図2●「Cards」フォルダーの中にある画像

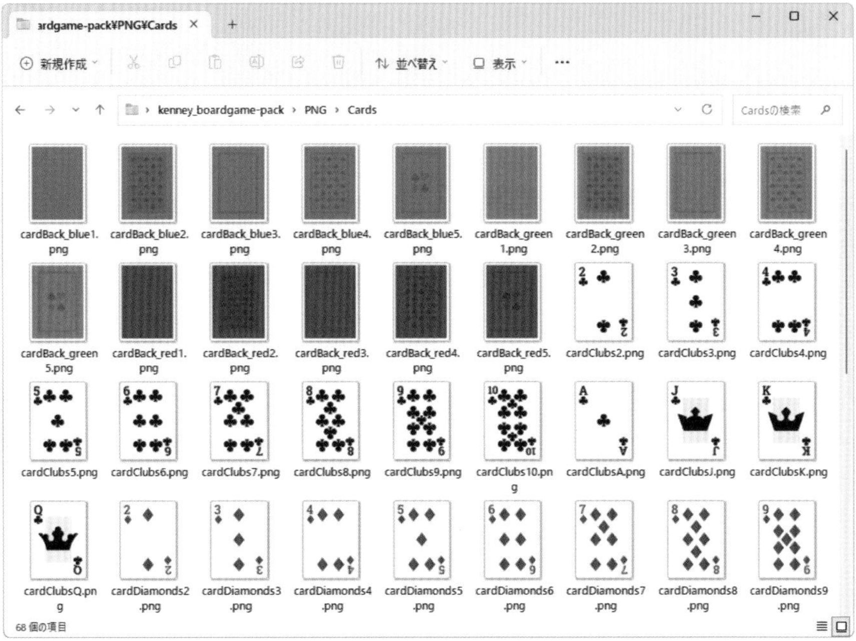

今回の神経衰弱ゲームで使うのは、クラブのA～5と、ハートのA～5の10枚とします。

プログラムを作りやすくするため、次のようにCardsフォルダーにある次の2つのファイル名を変更しておきます。

```
cardClubsA.png  → cardClubs1.png
cardHeartsA.png → cardHearts1.png
```

また、カードの裏面の画像として、cardBack_blue1.pngを使います。

まとめると、Cardsフォルダーにある次の11個の画像ファイルを利用することにします。

cardClubs1.png	(クラブのA)
cardClubs2.png	(クラブの2)
cardClubs3.png	(クラブの3)
cardClubs4.png	(クラブの4)
cardClubs5.png	(クラブの5)
cardHearts1.png	(ハートのA)
cardHearts2.png	(ハートの2)
cardHearts3.png	(ハートの3)
cardHearts4.png	(ハートの4)
cardHearts5.png	(ハートの5)
cardBack_blue1.png	(カードの裏面)

PhotoImageクラス

実はすでに前章で使っていますが、Tkinterでは「PhotoImageクラス」を使うと、簡単にPNG形式の画像ファイルを読み込めます。

リスト1の「photoimage.py」は、PNG画像ファイルを読み込んで、Canvasウィジェットに表示するテストプログラムです。photoimage.pyは、**図3**のように、図2のCardsフォルダーと同じフォルダーに置いて実行します。

リスト1●「photoimage.py」。PNG画像ファイルを読み込んで、Canvasウィジェットに表示するテストプログラム

```
import tkinter as tk

root = tk.Tk()
root.title('PhotoImage')
root.geometry('250x220')

# カードの裏面の画像ファイルを読み込む
card_back_img = tk.PhotoImage(
  file='Cards¥cardBack_blue1.png')
```

```
canvas_1 = tk.Canvas(
  root,
  width=240,
  height=200)
canvas_1.pack()

canvas_1.create_image(120, 100,
  image=card_back_img,
  anchor='center')

root.mainloop()
```

図3●photoimage.pyはCardsフォルダーと同じフォルダーに置いて実行する

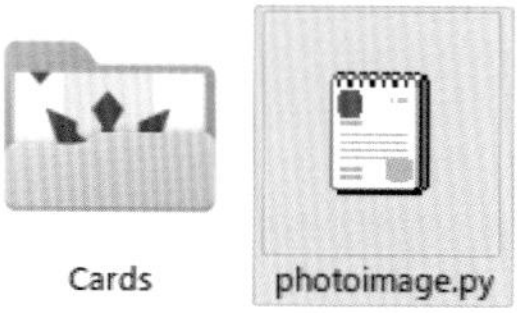

photoimage.pyの実行結果は**図4**のようになります。

図4●photoimage.pyの実行結果

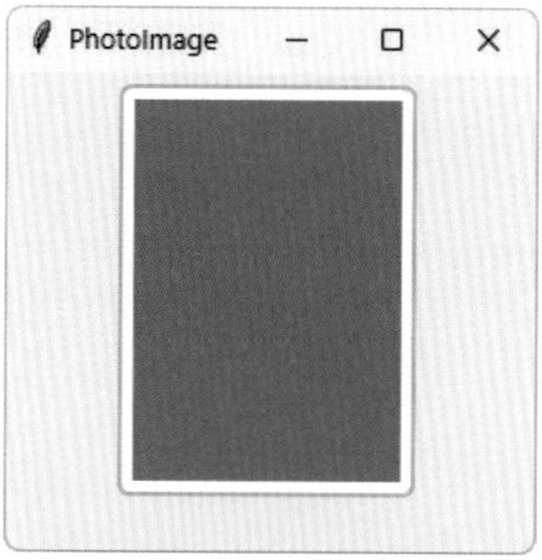

photoimage.pyでは、次のコードでCardsフォルダーにあるcardBack_blue1.pngを読み込んでいます。

```
card_back_img = tk.PhotoImage(file='Cards¥cardBack_blue1.png')
```

その後、create_image関数を使って、読み込んだ画像をCanvasウィジェットに表示しています。

```
canvas_1.create_image(120, 100,
  image=card_back_img,
  anchor='center')
```

create_image関数の「imageオプション」に、読み込んだ画像を扱う変数card_back_imgを指定しています。

なお、残念ながらPhotoImageクラスはJPEG形式の画像ファイルの読み込みには対応していません。

神経衰弱ゲームのプログラム

神経衰弱ゲームのプログラムは**リスト2**の「memory_app.py」のようになります。**図5**のように、Cardsフォルダーと同じフォルダーに置いて実行します。

リスト2●「memory_app.py」。神経衰弱ゲームのプログラム

```
import tkinter as tk
from tkinter import messagebox
import random
import re

# カードの画像ファイル名
files = ['cardClubs1.png',
         'cardClubs2.png',
         'cardClubs3.png',
         'cardClubs4.png',
         'cardClubs5.png',
         'cardHearts1.png',
         'cardHearts2.png',
         'cardHearts3.png',
         'cardHearts4.png',
         'cardHearts5.png']

# グローバル変数
# 1枚目に選択したカードの数字
```

```
first_card = None
# 1枚目に選択したカードの番号
first_index = None
card_img = []   # カードの表面の画像
cards = []      # カードを格納
count = 0

# 初期化関数
def initialise():
  global first_card
  global first_index
  global count

  first_card = None
  first_index = None
  count = len(files) / 2
  random.shuffle(files)   # カードのシャッフル ――(3)

  # カードの生成
  card_img.clear()
  cards.clear()                          このnumの値は0～9になる
  for num, img_name in enumerate(files): ――┐
    card_img.append(                        │
      tk.PhotoImage(file='Cards¥¥'+img_name))│
    # カードの表示にCanvasウィジェットを使用 ―┐│
    cards.append([tk.Canvas(              ││
      root,                               ││
      width=140,                          ├(1)
      height=190),                        ││ ├(4)
      None])  ――――――――――――――――――――――――――┘│
    card_set(num, False)  ―――――――――――――――――┘

def card_set(num, flag):  ――――――――――――――――――┐
  if flag:                                  │
    cards[num][0].delete('all')             │
    cards[num][0].create_image(             │
      0,                                    │
      0,                                    ├(5)
      anchor='nw',                          │
      image=card_img[num])                  │
  else:                                     │
    cards[num][0].delete('all')             │
    cards[num][0].create_image(             │
```

```
      0,
      0,
      anchor='nw',
      image=card_back_img)

  cards[num][0].bind(
    '<ButtonPress-1>',                                  (2)       (5)
    lambda event: click_img(event, num))

  r, n = 0, num
  if num > 4:
    r, n = 1, num - 5
  cards[num][0].grid(row=r, column=n)
  cards[num][1] = flag

# ハンドラ関数
def click_img(event, num):
  global first_card
  global first_index
  global count

  # すでに表面になっている場合は終了
  if cards[num][1]:
    return

  # カードを表面(True)にする
  card_set(num, True)
  if first_card != None:
    # ファイル名から数字を抜き出す
    second_card = re.sub(r'¥D', '', files[num])  (6)    (8)
    # 同じ数字なら
    if second_card == first_card:
      count = count - 1
      if count > 0:
        messagebox.showinfo(
          'Memory App',
          '同じです！')
      else:
        messagebox.showinfo(
          'Memory App',
          'すべてそろいました！')
        initialise()
    else:
```

```
      messagebox.showinfo(
        'Memory App',
        '違います！')
      card_set(num, False)
      card_set(first_index, False)        (8)
    first_card, first_index = None, None
  else:
    first_index = num
    # ファイル名から数字を抜き出す
    first_card = re.sub(r'¥D', '', files[num]) ――(7)

root = tk.Tk()

# カードの裏面の画像ファイルを読み込む
card_back_img = tk.PhotoImage(
  file='Cards¥cardBack_blue1.png')

initialise()

# タイトルバーのアイコンを設定
root.iconphoto(False, card_img[0]) ――(9)
root.title('Memory App')

root.mainloop()
```

図5●memory_app.pyはCardsフォルダーと同じフォルダーに置いて実行する

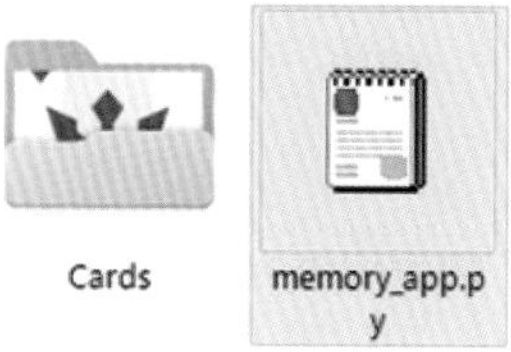

実行例は**図6**です。

図6●memory_app.pyの実行例（1/2）

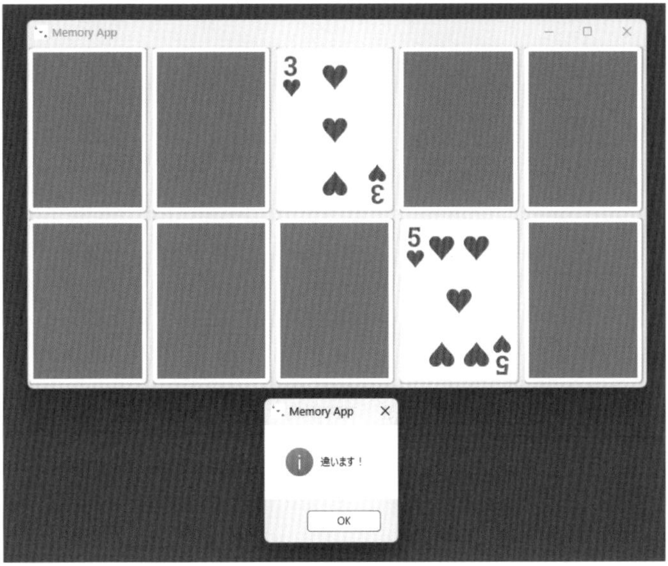

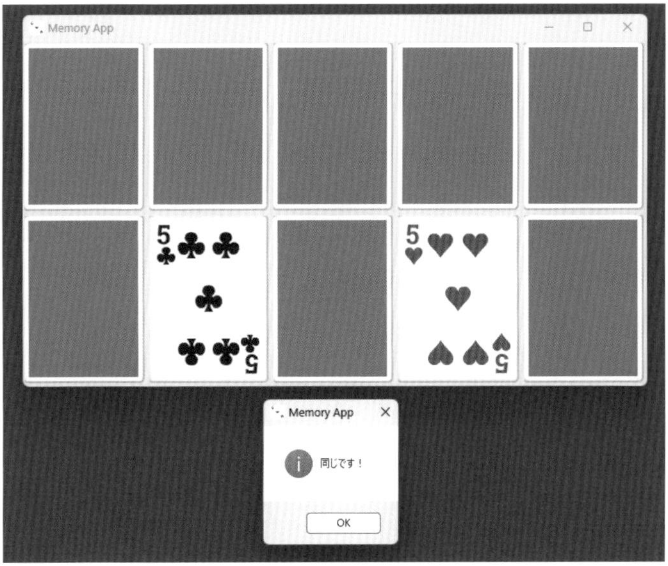

図6●memory_app.pyの実行例(2/2)

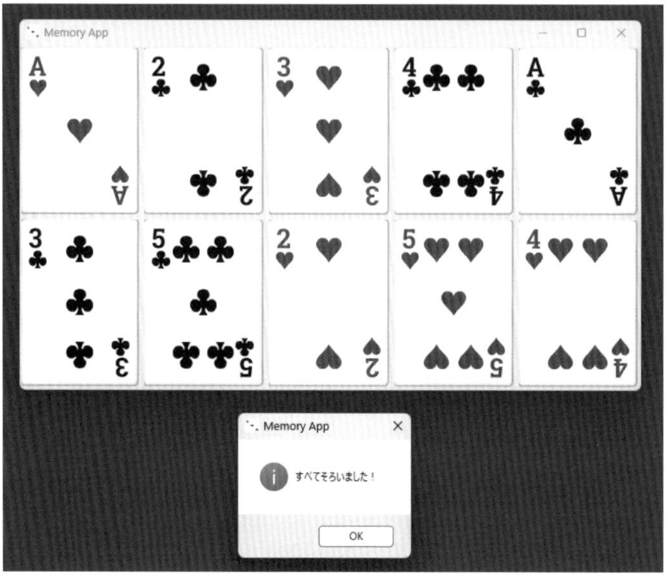

memory_app.pyのポイントは、(1) で10個のCanvasウィジェットを生成している点です。1枚のカードに1個のCanvasウィジェットを使っています。そして、(2) のように、10個のCanvasウィジェットにそれぞれ、bind関数でハンドラ関数を設定しています。

```
cards[num][0].bind(
   '<ButtonPress-1>',
   lambda event: click_img(event, num))
```

ここで変数numには0～9が格納されています。また、cards[num][0]には生成したCanvasウィジェットが格納されています。つまり、このコードで、Canvasウィジェットごとに異なる引数 (0～9) でハンドラ関数のclick_img関数を実行することになります。

このようにすると、「どのカードがマウスでクリックされたのか」の判断を、Tkinterに任せることができます。

■shuffle関数

神経衰弱ゲームでは、毎回カードの並びを変更する必要があります。この処理のために、Pythonの標準ライブラリにある「randomモジュール」が提供する「shuffle関数」を使っています。(3) ではshuffle関数で、トランプの画像ファイル名を格納しているリストfilesの中身をシャッフルしています。

```
random.shuffle(files)
```

そして、(4) でシャッフルされたfilesでforループを回し、画像ファイルの読み込みと、Canvasウィジェットの生成、トランプの裏面画像の表示を行っています。

```
for num, img_name in enumerate(files):
  card_img.append(
    tk.PhotoImage(file='Cards¥¥'+img_name))
  cards.append([tk.Canvas(
    root,
    width=140,
    height=190),
    None])
  card_set(num, False)
```


(5) で定義しているcard_set関数は、第2引数にTrueを与えるとカードの表面を表示し、Falseを与えると裏面を表示する関数です。第1引数にはカードの番号(0～9) を与えます。

カードの番号は**図7**のように割り振っています。

図7●カードの番号

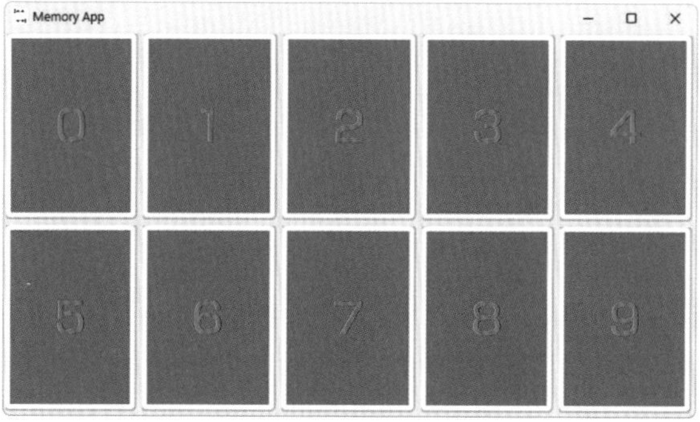

■正規表現

選択した2枚のカードが同じかどうかの判定には、カードの画像ファイル名の中にある数字を使っています。例えば、クラブのAのcardClubs1.pngには「1」の数字があります。ハートのAのcardHearts1.pngにも「1」の数字があります。この数字を使えば、クラブのAとハートのAは神経衰弱ゲームのルールでは同じであると判定できます。

memory_app.pyでは、画像ファイル名から数字を抜き出すためにPythonの標準ライブラリにある「reモジュール」を利用しています。これは「正規表現」のモジュールです。

（6）と（7）ではreモジュールの「sub関数」を使って、画像ファイル名を数字だけにしています。

```
first_card = re.sub(r'¥D', '', files[num])

second_card = re.sub(r'¥D', '', files[num])
```

これで、例えば'cardClubs1.png'は'1'に、'cardHearts1.png'も'1'になります。

sub関数は、第3引数で指定した文字列を置換処理の対象にします。第1引数には正規表現を、第2引数には置き換える文字列を指定します。そして、sub関数を実行すると、正規表現にマッチした文字列が、第2引数の文字列に置き換わります。ここでは正規表現として「任意の数字以外」を意味する「¥D」を、第2引数には空文字の「''」を指定しているので、数字だけ残って、'cardClubs1.png'は'1'になります。

ハンドラ関数である（8）のclick_img関数では、1枚目として選択したカードの数字を変数first_cardに、2枚目として選択したカードの数字を変数second_cardに格納しています。そして、「second_card == first_card」がTrueであれば、同じカードであると判定しています。

実のところ、ここで正規表現を使うのは少し大げさかもしれません。リストfilesに格納されているファイル名を見ると、数字はすべて後ろから5文字目にありますから、スライスの機能を使ってもよいでしょう。「文字列[-5:-4]」で文字列の後ろから5文字目の文字だけを抜き出せます。つまり、sub関数を使っている部分は次のように書き換えられます。

```
first_card = files[num][-5:-4]

second_card = files[num][-5:-4]
```

■タイトルバーのアイコンを設定

memory_app.pyでは、(9) でトップレベルウインドウの「iconphoto関数」を使って、タイトルバーのアイコンを設定しています（図8)。

```
root.iconphoto(False, card_img[0])
```

第2引数に画像を指定します。

図8●タイトルバーのアイコンを設定

第3部

アプリ作成応用編

第1章 SQLite3入門

第3部は「アプリ作成 応用編」です。「カレンダー型メモアプリ」と「蔵書管理アプリ」の2つを作ります。

次の第2章で作るカレンダー型メモアプリは、**図1**のGUIを持ちます。

図1●第2章で作る「カレンダー型メモアプリ」の画面

左側にカレンダーを表示し、日記のようにメモを日付とひも付けて管理できるようにします（ですから、日記アプリとしても使えます）。

第3章で作る蔵書管理アプリは、**図2**のGUIを持ちます。

図2●第3章で作る「蔵書管理アプリ」の画面

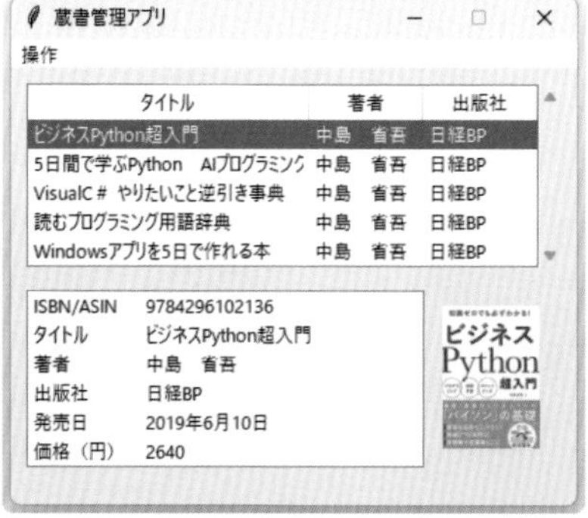

書影を含む書籍の情報を入力して、蔵書管理を行えるようにします。

どちらのアプリもたくさんのデータを管理する必要があります。そこで、ここではPythonに標準で付属するデータベース管理システムの「SQLite3」を利用します。第1章ではこのSQLite3の概要と、基本的な使い方を説明します。

データをデータベースで管理する

第2部第3章で作成した「4択クイズ」のアプリでは、CSVファイルというテキストファイルでデータを扱いました。これはデータを読み込むだけなら手軽なのですが、データを変更したり、削除したりしようとすると、途端に処理の作成が大変になります。

カレンダー型メモアプリと蔵書管理アプリでは、データベース管理システム（DBMS。DataBase Management System）を使ってデータを管理することにします。DBMSを使うと、データの追加や変更、削除、検索といった、自分でコードを書いてプログラムに実装しようとすると非常に面倒な処理をDBMSに任せることができます。つまり、それだけプログラムの作成が簡単になります。一方で、DBMSを使うための技術は学ぶ必要があります。

■Pythonに付属するSQLite3

DBMSにはいろいろな種類のものがありますが、前述の通り、ここで利用するのはSQLite3です。SQLite3はTkinterと同様に、Pythonに標準で付属します。ですから、Pythonの標準的なプログラミング環境があればすぐに利用でき、まるでPythonの機能の一部のようにSQLite3を使うことができます。

また、「MariaDB」や「PostgreSQL」といった他の多くのDBMSと異なり、SQLite3はサーバーとして動くサーバー型ではありません。SQLite3はPythonに組み込まれているので、サーバー構築といった作業が不要です。何の下準備もなく、即座に利用できます。

ただし、SQLite3はMariaDBやPostgreSQLなどに比べると、簡易型のDBMSと言えます。しかし、デスクトップアプリで利用するには十分な性能と機能を持っています。

■SQLite3はリレーショナルデータベース

SQLite3は「リレーショナルデータベース」と呼ばれる種類のデータベースです。リレーショナルデータベースでは、「データベース」と呼ぶ入れ物に「テーブル」（表）を作り、そのテーブルの中にデータを格納します（**図3**）。テーブルには「行」（row）と「列」（column）があります。

図3●リレーショナルデータベースの例。データベースの中に1つ以上のテーブル（表）があり、テーブルにデータを格納する

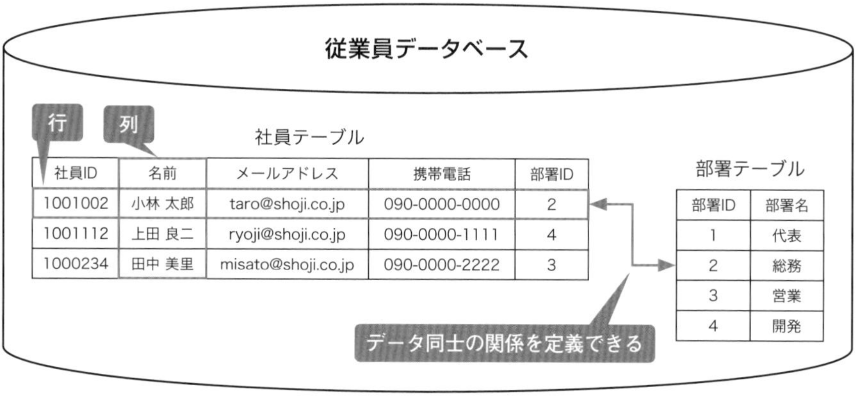

社員ID	名前	メールアドレス	携帯電話	部署ID
1001002	小林 太郎	taro@shoji.co.jp	090-0000-0000	2
1001112	上田 良二	ryoji@shoji.co.jp	090-0000-1111	4
1000234	田中 美里	misato@shoji.co.jp	090-0000-2222	3

部署ID	部署名
1	代表
2	総務
3	営業
4	開発

リレーショナルデータベースを扱うDBMSは、「リレーショナルデータベース管理システム」（Relational DataBase Management System）の略の「RDBMS」と呼ばれることもあります。

Excelにたとえるなら、データベースはExcelのブック（ファイル）に、テーブルはExcelのシートに相当すると言えます。

DBMSのことを略して「データベース」と表現する場合がしばしばあります。本書では「DBMS」という用語と「データベース」という用語をしっかり区別します。

なお、本書では説明しませんが、1つのデータベースに複数のテーブルを作ることができます。そして、各テーブルのデータ同士の関係を定義して、データ同士の“関係”を表現することもできます。

SQL

SQLite3でデータベースを扱う際は、「SQL」という「問い合わせ言語」を使います。「新しい言語を学ばなければならないのか…」と思った方もいるかもしれませんが、SQLは多くのDBMSが採用している汎用性の高い言語です。その知識は今後も間違いなく活用できます。安心して学びましょう。

■connect関数でデータベースを作成する

Python + SQLでSQLite3を使う方法を解説します。

最初に「データベース」を作成します。Pythonの標準ライブラリにある「sqlite3モジュール」をインポートし、sqlite3が用意する「connect関数」を使うことで、データベースを作成します。

標準的なSQLには、データベースを作成するための「CREATE DATABASE文」があるのですが、SQLite3にはありません。

次の**リスト1**の「create_db.py」は、「sample.db」というデータベースを作成するプログラムです。

リスト1●「create_db.py」。データベース(sample.db)を作成するプログラム

```
import sqlite3

# データベースに接続(存在しない場合は作成)
db_name = 'sample.db'
conn = sqlite3.connect(db_name)
```

```
# 接続の切断
conn.close()
```

本来、connect関数は引数で指定したデータベースに接続するための関数です。ですが、データベースが存在しない場合は、作成してくれます。

create_db.pyを実行すると、create_db.pyと同じフォルダーに「sample.db」というファイルが作成されます（**図4**）。これがデータベースのファイルです。

図4●データベースのファイル「sample.db」が作成された

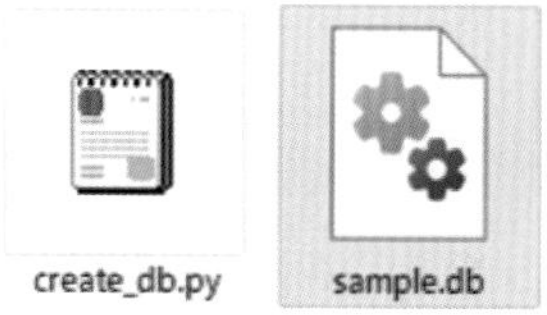

SQLite3では、1個のデータベースは1個のファイルになっています。もし、データベースをコピーしたい場合は、そのデータベースのファイルをコピーするだけです。削除も同様で、データベースを削除したい場合は、そのデータベースのファイルを削除するだけです。とてもわかりやすいと言えます。

■CREATE TABLE文でテーブルを作成する

作成したデータベースの「sample.db」に、テーブルを作ります。ここでは、**表1**のようなデータを格納できる「personalテーブル」を作ってみます。

表1●このデータをデータベースに格納したい

識別番号	名前	身長	体重
001	Yamada Taro	173	62.5
002	Tanaka Hanako	163	53.1
003	Suzuki Saburo	180	75.8

personalテーブルでは、「識別番号」(id)、「名前」(name)、「身長」(height)、「体重」(weight) のデータを保持できるようにします。

テーブルの作成にはSQLの「CREATE TABLE文」を使います。CREATE TABLE文で、次のような構文でテーブルを定義します。「テーブル名」の後に、列の定義を並べます。

```
CREATE TABLE テーブル名 (
  列名1 データ型 制約,
  列名2 データ型 制約,
  …
)
```

各列には、「名前」(列名) と「データ型」と「制約」を指定します。

▶データ型と制約

SQLite3で利用できるデータ型は、**表2**の通りです。イメージしやすいように、対応するPythonのデータ型も記載しました。

表2●SQLite3で利用できるデータ型

SQLite3のデータ型	説明	(参考)対応するPythonのデータ型
BLOB	Binary Large Object	bytes
INTEGER	符号付き整数	int
REAL	浮動小数点数	float
TEXT	テキスト	str
NULL	NULL値	None

他のDBMSと比べるとデータ型の種類は少ないのですが、必要なものはそろっています。

制約は、各列にデータを入力する際に、データに与える制限の設定で、**表3**のものがあります。

表3●利用できる制約

制約	説明
NOT NULL	列がNULL 値を持てないようにする
DEFAULT	列の値が指定されていないとき、代わりに入力する値を指定する
UNIQUE	同じ列のすべての値が異なっていることを保証するため、同じ値を入力できないようにする
PRIMARY KEY	主キーとなる制約。NOT NULL とUNIQUE の両方の制約を併せ持つ
CHECK	入力データが指定した条件に対して偽の場合は、入力できないようにする

では、personalテーブルの各列とデータ型、制約を考えましょう。列名は、id、name、height、weightでよいでしょう。ここでは各列に**表4**のデータ型と制約を設定します。

表4●各列にデータ型と制約を設定する

列名	説明	データ型	制約
id	識別番号	TEXT	PRIMARY KEY
name	名前	TEXT	NOT NULL
height	身長(cm。整数で入力)	INTEGER	NOT NULL
weight	体重(kg。小数点以下も入力できる)	REAL	NOT NULL

識別番号のidの列にはPRIMARY KEYの制約を設定しています。これで識別番号の重複は許されなくなります。

表4をSQLで表現すると、次のようなSQL文になります。

```
CREATE TABLE personal (
  id TEXT PRIMARY KEY,
  name TEXT NOT NULL,
  height INTEGER NOT NULL,
  weight REAL NOT NULL)
```

それでは、CREATE TABLE文を使って、personalテーブルを作成します。**リスト2**の「create_table.py」は、データベースの「sample.db」にpersonalテーブルを作成するプログラムです。

リスト2●「create_table.py」。personalテーブルを作成するプログラム

```
import sqlite3

# コネクションオブジェクトの作成
conn = sqlite3.connect('sample.db')

# カーソルオブジェクトの作成
cur = conn.cursor()

# personalテーブルの生成
cur.execute("""CREATE TABLE personal (
  id TEXT PRIMARY KEY,
  name TEXT NOT NULL,
  height INTEGER NOT NULL,
  weight REAL NOT NULL)""")

print('personalテーブルを作成しました。')
conn.close()
```

create_table.pyでは、まず、connect関数でsample.dbに接続し、コネクションオブジェクト（conn）を取得しています。

次に、コネクションオブジェクトの「cursor関数」を実行して、カーソルオブジェクト（cur）を作成しています。

そして、カーソルオブジェクトの「execute関数」を使って、先ほどのSQL文を実行し、personalテーブルを作成しています。

なお、execute関数では、SQL文を「"""」で囲みます。こうしておくと、SQL文の中で文字列を「'」か「"」で囲って表現できるようになります。

■INSERT INTO文でデータを追加する

personalテーブルにデータを追加しましょう。データの追加には、SQLの「INSERT INTO文」を使います。構文は次の通りです。

```
INSERT INTO テーブル名 (列名1, 列名2, … )
  VALUES (データ1, データ2, … )
```

「INSERT INTO」の後ろにはデータを追加するテーブル名を記述します。その後ろには、データを追加する列名を括弧内にカンマ区切りで記述します。これは「列名リスト」と呼ばれます。

そして、VALUESの後ろに、各列に追加するデータを括弧内にカンマ区切りで記述します。この際、データの並びを、列名リストの並びに合わせる必要があります。

ここでもし、テーブルにあって列名リストにない列がある場合、その列には「デフォルト値」が入ります。デフォルト値は、CREATE TABLE文でテーブルを定義する際に、DEFAULTの制約を使って設定します。デフォルト値を設定していない場合は、NULLがデフォルト値になりますが、その列にNOT NULLの制約を設定した場合はエラーになります。つまり、INSERT INTO文を使う際は、NOT NULLの制約を設定し、DEFAULTの制約でNULL以外のデフォルト値を設定しなかった列には、必ずデータを追加しなければなりません。

▶すべての列にデータを追加する

すべての列にデータを追加する場合は、列名リストを省略できます。INSERT INTO文は次のようになります。

```
INSERT INTO テーブル名
  VALUES (データ1, データ2, … )
```

データの並びは、テーブルを定義した際の列の並びに合わせる必要があります。

リスト3の「insert_data.py」は、personalテーブルに3件のデータを追加するプログラムです。

リスト3●「insert_data.py」。personalテーブルに3件のデータを追加するプログラム

```
import sqlite3

# コネクションオブジェクトの作成
conn = sqlite3.connect('sample.db')

# カーソルオブジェクトの作成
cur = conn.cursor()

# データの追加
sql = """INSERT INTO personal
  VALUES(
    '001',
    'Yamada Taro',
    173,
    62.5)"""
cur.execute(sql)
```

データを1件追加

```
sql = """INSERT INTO personal
  VALUES(
    '002',
    'Tanaka Hanako',
    163,
    53.1)"""
cur.execute(sql)
```

データを1件追加

```
sql = """INSERT INTO personal
  VALUES(
    '003',
    'Suzuki Saburo',
    180,
    75.8)"""
cur.execute(sql)
```

データを1件追加

```
# コミットを行うことでデータベースに反映される
conn.commit()

print('personalテーブルにデータを追加しました。')

conn.close()
```

insert_data.pyでは、変数sqlに、INSERT INTO文を使うSQL文の文字列を格納しています。その後、カーソルオブジェクトのexecute関数を使って、SQL文を実行しています。

ここで重要なのは、INSERT INTO文のようにテーブルを更新するSQL文を実行した場合は、必ず、次のようにコネクションオブジェクトの「commit関数」を実行して、“コミットする” ことです。

```
conn.commit()
```

commit関数を実行しないと（コミットしないと）、SQL文がデータベースに反映されません。ここでは、commit関数を実行しないとデータを追加できない、ということです。

connect関数の引数で「isolation_level=None」を指定すると、「自動コミットモード」になります。自動コミットモードでは、コミットが自動的に実行されるので、commit関数の実行が不要になります。

■SELECT文でデータを抽出する

insert_data.pyを実行すると、「personalテーブルにデータを追加しました。」と表示されますが、本当に追加されたのかどうか、不安が残りますね。そこで、SQLの「SELECT文」を使って、テーブルのデータを抽出して、表示してみましょう。

SELECT文の構文は、非常に多くの種類がありますが、初めに紹介するのは、1つのテーブルから指定の列を抽出する構文です。

```
SELECT 列名1, 列名2, …
  FROM テーブル名
```

この構文には、行を特定する条件がないので、すべての行のデータが抽出されます。

リスト4の「select_01.py」は、sample.dbのpersonalテーブルから、idと

nameの列のすべての行のデータを取得し、表示するプログラムです。

リスト4●「select_01.py」。idとnameの列のすべての行のデータを取得し、表示するプログラム

```
import sqlite3

conn = sqlite3.connect('sample.db')
cur = conn.cursor()

# データの抽出
sql = """SELECT id, name
  FROM personal"""

data = cur.execute(sql)

list = data.fetchall()
for row in list:
  print(row)

conn.close()
```

変数sqlにSELECT文を使うSQL文を格納

execute関数でSQL文を実行

select_01.pyを実行すると、次のように表示されます。

```
('001', 'Yamada Taro')
('002', 'Tanaka Hanako')
('003', 'Suzuki Saburo')
```

各データはタプルになっています。

select_01.pyでは、変数sqlにSELECT文を使うSQL文を格納し、execute関数でSQL文を実行しています。

execute関数は、SELECT文で抽出したデータを、カーソルオブジェクトで返します。そして、そのカーソルオブジェクトの「fetchall関数」を使うと、抽出した全データをPythonのリストに変換できます。

select_01.pyでfetchall関数を使っているのは次のコードです。

```
list = data.fetchall()
```

fetchall関数の実行後、変数listの中身は、次のリストになります。

```
[('001', 'Yamada Taro'), ('002', 'Tanaka Hanako'), ('003', 'Suzuki Saburo')]
```

なお、**リスト5**の「select_02.py」のように、fetchall関数を使わずに、for文でexecute関数を実行することで、抽出した全データを表示することもできます。

リスト5●「select_02.py」。for文でexecute関数を実行

```
import sqlite3

conn = sqlite3.connect('sample.db')
cur = conn.cursor()

# データの抽出
sql = """SELECT id, name
  FROM personal"""

for row in cur.execute(sql):
  print(row)

conn.close()
```

for文でexecute関数を実行

「fetchone関数」を使うと、SELECT文が抽出したデータを1個ずつ取り出せます。**リスト6**の「select_03.py」は、fetchone関数を使うプログラムです。実行結果はselect_01.pyと同じです。

リスト6●「select_03.py」。fetchone関数を使うプログラム

```
import sqlite3

conn = sqlite3.connect('sample.db')
cur = conn.cursor()

# データの抽出
sql = """SELECT id, name
  FROM personal"""

data = cur.execute(sql)
```

```
while True:
  d = data.fetchone()
  if d == None: break
  print(d)

conn.close()
```

無限ループ

fetchone関数でSELECT文が抽出したデータを1個ずつ取り出す

select_03.pyでは、「while True:」で作った無限ループの中でfetchone関数を実行し、取り出した1個のデータを表示しています。すべてのデータを取り出した後にfetchone関数を実行するとNoneが返ります。Noneが返ったらループを終了します。

▶すべての列のデータを取得

すべての列のデータを取得したい場合は、SELECT文ですべての列名を記述してもよいのですが、ワイルドカード「*」の1文字を使った方が楽です。

リスト7の「select_04.py」は、ワイルドカードを使用して、すべての列のすべての行のデータ、すなわちテーブルの全データを取得して表示するプログラムです。

リスト7●「select_04.py」。ワイルドカードを使うプログラム

```
import sqlite3

conn = sqlite3.connect('sample.db')
cur = conn.cursor()

# ワイルドカードを使う
sql = """SELECT *
  FROM personal"""

for row in cur.execute(sql):
  print(row)

conn.close()
```

ワイルドカードを使う

実行結果は次のようになります。

```
('001', 'Yamada Taro', 173, 62.5)
('002', 'Tanaka Hanako', 163, 53.1)
('003', 'Suzuki Saburo', 180, 75.8)
```

■WHERE句で条件を指定する

SELECT文では、「WHERE句」を使って、抽出するデータの条件を指定できます。

```
SELECT 列名1, 列名2, …
  FROM テーブル名
    WHERE 条件
```

WHERE句の条件では、**表5**のような様々な演算子を利用できます。

表5●利用できる演算子

演算子	説明
= または ==	等しい
>	大きい
>=	大きいまたは等しい
<	小さい
<=	小さいまたは等しい
!= または <>	等しくない
NOT	否定
AND	論理積
OR	論理和
BETWEEN 値1 AND 値2	範囲内の値かどうか
IN (値1, 値2, 値3, ・・・)	候補の中に一致するものがあるかどうか
NOT IN (値1, 値2, 値3, ・・・)	候補の中に一致するものがないかどうか
IS NULL	NULL値かどうか
IS NOT NULL	NULL値ではないかどうか

リスト8の「select_05.py」は、これらの演算子を利用してpersonalテーブルから条件に合致した行のデータを抽出し、表示するプログラムです。

リスト8●「select_05.py」。WHERE句を使うプログラム

```
import sqlite3

conn = sqlite3.connect('sample.db')
cur = conn.cursor()

print("idが '002' と等しい行")
sql = """SELECT *
  FROM personal
  WHERE id = '002'"""          ← WHERE句を使う
for row in cur.execute(sql):
  print(row)
print()   # 改行

print('heightが 173 以上の行')
sql = """SELECT *
  FROM personal
  WHERE height >= 173"""       ← WHERE句を使う
for row in cur.execute(sql):
  print(row)
print()   # 改行

print('weightが 75.8 以外の行')
sql = """SELECT *
  FROM personal
  WHERE weight != 75.8"""      ← WHERE句を使う
for row in cur.execute(sql):
  print(row)
print()   # 改行

print("idが '001' と等しい以外の行")
sql = """SELECT *
  FROM personal
  WHERE NOT id = '001'"""      ← WHERE句を使う
for row in cur.execute(sql):
  print(row)
print()   # 改行

print("""heightが 173 以上で、かつ、
```

```
weightが 75.8 と等しい行""")
sql = """SELECT *
  FROM personal
  WHERE height >= 173 AND weight = 75.8"""  ← WHERE句を使う
for row in cur.execute(sql):
  print(row)
print()   # 改行

print("""heightが 163 と等しいか、
もしくは 173 と等しい行""")
sql = """SELECT *
  FROM personal
  WHERE height = 163 OR height = 173"""  ← WHERE句を使う
for row in cur.execute(sql):
  print(row)
print()   # 改行

print("""heightが 170 から 180 の範囲に
含まれている行""")
sql = """SELECT *
  FROM personal
  WHERE height BETWEEN 170 AND 180"""  ← WHERE句を使う
for row in cur.execute(sql):
  print(row)
print()   # 改行

print("""heightが 160、170、180 の
どれかと等しい行""")
sql = """SELECT *
  FROM personal
  WHERE height IN(160, 170, 180)"""  ← WHERE句を使う
for row in cur.execute(sql):
  print(row)
print()   # 改行

print("""heightが 160、170、180 の
どれとも等しくない行""")
sql = """SELECT *
  FROM personal
  WHERE height NOT IN(160, 170, 180)"""  ← WHERE句を使う
for row in cur.execute(sql):
  print(row)

conn.close()
```

実行結果は次のようになります。

```
idが '002' と等しい行
('002', 'Tanaka Hanako', 163, 53.1)

heightが 173 以上の行
('001', 'Yamada Taro', 173, 62.5)
('003', 'Suzuki Saburo', 180, 75.8)

weightが 75.8 以外の行
('001', 'Yamada Taro', 173, 62.5)
('002', 'Tanaka Hanako', 163, 53.1)

idが '001' と等しい以外の行
('002', 'Tanaka Hanako', 163, 53.1)
('003', 'Suzuki Saburo', 180, 75.8)

heightが 173 以上で、かつ、
weightが 75.8 と等しい行
('003', 'Suzuki Saburo', 180, 75.8)

heightが 163 と等しいか、
もしくは 173 と等しい行
('001', 'Yamada Taro', 173, 62.5)
('002', 'Tanaka Hanako', 163, 53.1)

heightが 170 から 180 の範囲に
含まれている行
('001', 'Yamada Taro', 173, 62.5)
('003', 'Suzuki Saburo', 180, 75.8)

heightが 160、170、180 の
どれかと等しい行
('003', 'Suzuki Saburo', 180, 75.8)

heightが 160、170、180 の
どれとも等しくない行
('001', 'Yamada Taro', 173, 62.5)
('002', 'Tanaka Hanako', 163, 53.1)
```

■ORDER BY句で結果を並べ替える

SELECT文で「ORDER BY句」を使うと、抽出したデータを、列のデータの大小で「昇順」か「降順」に並べ替えることができます。

```
SELECT 列名1, 列名2, …
 FROM テーブル名
  ORDER BY 列名 ASCまたはDESC, …
```

ORDER BY句はSELECT文の最後に記述します。

ORDER BY句の指定では、並べ替えの基準となる列名と「ASC」または「DESC」を記述します。ASCだと昇順に、DESCだと降順になります。なお、デフォルトはASCなので、列名の後に何も書かないと昇順になります。

リスト9の「select_06.py」は、personalテーブルのデータを体重の軽い順と背の高い順に並べ替えて表示するプログラムです。

リスト9●「select_06.py」。ORDER BY句を使うプログラム

```
import sqlite3

conn = sqlite3.connect('sample.db')
cur = conn.cursor()

print('weight列で体重の軽い順(昇順)に並べ替える')
sql = """SELECT *
  FROM personal
  ORDER BY weight ASC"""
for row in cur.execute(sql):
  print(row)
print()   # 改行

print('height列で背の高い順(降順)に並べ替える')
sql = """SELECT *
  FROM personal
  ORDER BY height DESC"""
for row in cur.execute(sql):
  print(row)
```

ORDER BY句を使う(ASC)

ORDER BY句を使う(DESC)

```
conn.close()
```

実行結果は次のようになります。

```
weight列で体重の軽い順(昇順)に並べ替える
('002', 'Tanaka Hanako', 163, 53.1)
('001', 'Yamada Taro', 173, 62.5)
('003', 'Suzuki Saburo', 180, 75.8)

height列で背の高い順(降順)に並べ替える
('003', 'Suzuki Saburo', 180, 75.8)
('001', 'Yamada Taro', 173, 62.5)
('002', 'Tanaka Hanako', 163, 53.1)
```

■UPDATE文でデータを更新する

テーブルに追加したデータは、「UPDATE文」を使うことで更新できます。

```
UPDATE テーブル名
  SET 列名1 = データ1, 列名2 = データ2, …
    WHERE 条件
```

UPDATE文では、更新するデータをWHERE句で指定しないと、すべてのデータが更新の対象になるので注意しましょう。

リスト10の「update.py」は、personalテーブルのidが'002'である行のname列のデータを変更するプログラムです。

リスト10●「update.py」。データを更新するプログラム

```
import sqlite3

conn = sqlite3.connect('sample.db')
cur = conn.cursor()
```

```
print("id が '002' の 変更前")
sql = """SELECT *
  FROM personal
  WHERE id = '002'"""
cur.execute(sql)
print(cur.fetchone())
print() # 改行

# id が '002' の name列を 'Sasaki Jiro' に変更
sql = """UPDATE personal
  SET name = 'Sasaki Jiro'
  WHERE id = '002'"""
cur.execute(sql)
conn.commit()

print("id が '002' の 変更後")
sql = """SELECT *
  FROM personal
  WHERE id = '002'"""
row = cur.execute(sql)
print(cur.fetchone())
print() # 改行

conn.close()
```

データの表示

UPDATE文を使う

データの表示

UPDATE文をexecute関数で実行した後は、commit関数を実行して、コミットします（更新をデータベースに反映させます）。

update.pyの実行結果は次のようになります。

```
id が '002' の 変更前
('002', 'Tanaka Hanako', 163, 53.1)

id が '002' の 変更後
('002', 'Sasaki Jiro', 163, 53.1)
```

■DELETE文でデータを削除する

データの削除には、「DELETE文」を使います。

```
DELETE FROM テーブル名
  WHERE 条件
```

DELETE文では、削除する行（データ）をWHERE句で指定しないと、すべてのデータが削除されてしまうので注意しましょう。

リスト11の「delete.py」は、personalテーブルのidが'003'であるデータを削除するプログラムです。

リスト11●「delete.py」。データを削除するプログラム

```
import sqlite3

conn = sqlite3.connect('sample.db')
cur = conn.cursor()

# データの削除
sql = """DELETE FROM personal
  WHERE id = '003'"""
cur.execute(sql)

conn.commit()

sql = """SELECT *
  FROM personal"""
for row in cur.execute(sql):
  print(row)

conn.close()
```

DELETE文を使う

データの表示

実行結果は次のようになります。

```
('001', 'Yamada Taro', 173, 62.5)
('002', 'Sasaki Jiro', 163, 53.1)
```

■REPLACE INTO文でデータを追加または更新する

「REPLACE INTO文」を使うと、データの追加または更新ができます。

```
REPLACE INTO テーブル名
  VALUES (データ1, データ2, … )
```

REPLACE INTO文では、INSERT INTO文と同様にデータを追加できます。その際に、PRIMARY KEYやUNIQUEの制約が設定された列に同じデータがすでにある場合は、そのデータを削除してから追加してくれます。つまり、データを更新してくれます。

ちなみに、REPLACE INTO文は、SQLite3独自の文で、標準的なSQLの文ではありません。

リスト12の「replace.py」は、personalテーブルのidが'002'であるデータのname列の名前を'Tanaka Hanako'に更新し、idが'003'のデータを追加するプログラムです。

リスト12●「replace.py」。REPLACE INTO文を使うプログラム

```
import sqlite3

conn = sqlite3.connect('sample.db')
cur = conn.cursor()

# 既存のデータの一部を変更
sql = """REPLACE INTO personal   ← REPLACE INTO文を使う
  VALUES (
    '002',
    'Tanaka Hanako',
    163,
    53.1)"""
cur.execute(sql)

# 新規に1個のデータを追加
sql = """REPLACE INTO personal   ← REPLACE INTO文を使う
  VALUES (
    '003',
```

```
    'Suzuki Saburo',
    180,
    75.8)"""
cur.execute(sql)

conn.commit()

sql = """SELECT * FROM personal
  ORDER BY id"""
for row in cur.execute(sql):
  print(row)

conn.close()
```

データの表示

実行結果は次のようになります。

```
('001', 'Yamada Taro', 173, 62.5)
('002', 'Tanaka Hanako', 163, 53.1)
('003', 'Suzuki Saburo', 180, 75.8)
```

■プレースホルダーを利用する

「プレースホルダー」とは、データの部分を後から追加してSQL文を実行するための仕組みです。

まず、次のSQL文を見てください。

```
INSERT INTO personal VALUES('004', 'Yamazaki Takashi', 172, 59
.3)
```

この1個のデータを追加するSQL文にある、name列、height列、weight列の部分を、ユーザーがアプリから入力したデータで置き換えることを考えます。どのようにすればよいでしょうか？

簡単な方法としては、入力されたデータを文字列としてSQL文に連結するやり方があります。ただし、この方法は意図しないSQL文を作り出す可能性があり、「SQLインジェクション」と呼ばれるセキュリティ上の問題を引き起こす危険があります。

そこでプレースホルダーを使い、次のようなSQL文を作ります。

```
INSERT INTO personal VALUES('004', ?, ?, ?)
```

「?」マークがプレースホルダーです。execute関数には、このプレースホルダーの部分にデータを挿入する機能が備わっています。次のようなコードを記述します。

```
p_data = ('Yamazaki Takashi', 172, 59.3)

cur.execute("INSERT INTO personal VALUES('004', ?, ?, ?)", p_data)
```

execute関数の第1引数にプレースホルダーを含むSQL文を、第2引数に入力するデータのタプルを渡します。これで実行すると、「?, ?, ?」の部分が「'Yamazaki Takashi', 172, 59.3」に置き換わります。

リスト13の「placeholder.py」は、プレースホルダーの機能を使ってpersonalテーブルにデータを追加するプログラムです。INSERT INTO文では、name列、height列、weight列のデータを、プレースホルダーを利用して実行時に挿入しています。2つ目のSELECT文では、WHERE句でプレースホルダーを利用し、idが'002'であるデータのみを表示しています。

リスト13●「placeholder.py」。プレースホルダーを使うプログラム

```
import sqlite3

conn = sqlite3.connect('sample.db')
cur = conn.cursor()

p_data = ('Yamazaki Takashi', 172, 59.3)

# プレースホルダーを使う
sql = """INSERT INTO personal
  VALUES(
  '004',
  ?,
  ?,
  ?)"""
```

プレースホルダーを使う

```
cur.execute(sql, p_data)
conn.commit()

sql = """SELECT * FROM personal
  ORDER BY id"""
for row in cur.execute(sql):
  print(row)
print() # 改行

id = ('002', )

# プレースホルダーを使う
sql = """SELECT * FROM personal
   WHERE id = ?"""
cur.execute(sql, id)
print(cur.fetchone())

conn.close()
```

idが'004'のデータを追加した全データを表示

プレースホルダーを使う

idが'002'のデータだけを表示

実行結果は次のようになります。

```
('001', 'Yamada Taro', 173, 62.5)
('002', 'Tanaka Hanako', 163, 53.1)
('003', 'Suzuki Saburo', 180, 75.8)
('004', 'Yamazaki Takashi', 172, 59.3)

('002', 'Tanaka Hanako', 163, 53.1)
```

■DROP TABLE文でテーブルを削除する

データベースに作成したテーブルを削除したいときは、「DROP TABLE文」を次のように使います。

```
DROP TABLE テーブル名
```

リスト14の「drop.py」は、sample.db内のpersonalテーブルを削除するプログラムです。

リスト14●「drop.py」。テーブルを削除するプログラム

```
import sqlite3

conn = sqlite3.connect('sample.db')
cur = conn.cursor()

# personalテーブルの削除
cur.execute("DROP TABLE personal")

conn.commit()

conn.close()
```

execute関数でDROP TABLE文を実行した後に、commit関数を実行して、テーブルの削除の処理をデータベースに反映させる必要があります。

第2章 カレンダー型メモアプリ

第2章で作るデスクトップアプリは、「カレンダー型メモアプリ」です。メモアプリですが、単にメモを記述できるだけではなく、日記のようにメモを日付とひも付けて管理できるようにします。そのために、アプリにはカレンダーを表示させ、マウスで日付を選択できるようにします。

カレンダー型メモアプリの機能と処理は次のようにしましょう。

機能と処理

(a) メモのデータをデータベースで管理する

(b) 日付ごとにメモを編集できるようにする

(c) カレンダーで日付を選択できるようにする

(a) メモのデータをデータベースで管理する

アプリのメモのデータは、SQLite3のデータベースで管理します。ここでは**表1**のような、「日付」とそれにひも付いた「メモ」のデータを扱うことにします。なお、メモの中の「¥n」は改行を意味します。

表1●このようなデータを扱う

日付	メモ
2023_8_9	本日のメモ¥n¥n牛乳を買うこと¥n髪を切りに行く
2023_8_10	7:00　起床¥n¥n9:00　歯医者に行く

表1のようなデータを、「memo.db」というデータベースに、「daily テーブル」を作って格納することにします。daily テーブルには、**表2**のように、日付を格納する「date」と、メモを格納する「memo」という2つの列を作ります。

表2●dailyテーブル

列名	説明	データ型	制約
date	年月日	TEXT	PRIMARY KEY
memo	メモのテキスト	TEXT	NOT NULL

データ型はいずれもTEXT型にします。また、date列にはPRIMARY KEYの制約を、memo列にはNOT NULLの制約を設定します。

リスト1の「create_db.py」は、データベース（memo.db）を作成後、dailyテーブルを作り、その中に1件だけデータを追加するプログラムです。最後に、テーブルの全データを表示することで、追加した1件のデータを表示します。

リスト1●「create_db.py」。データベース（memo.db）を作成後、dailyテーブルを作るプログラム

```
import sqlite3

# データベースのmemo.dbを作成
conn = sqlite3.connect('memo.db')
cur = conn.cursor()

# dailyテーブルの生成
cur.execute("""CREATE TABLE daily (
               date TEXT PRIMARY KEY,
               memo TEXT NOT NULL)""");

# データを1件だけ入力しておく
day = '2023_8_9'
memo = '本日のメモ¥n¥n牛乳を買うこと¥n髪を切りに行く'

sql = 'INSERT INTO daily VALUES (?, ?)'
cur.execute(sql, (day, memo))

conn.commit()

# データの確認
for row in cur.execute("SELECT * FROM daily"):
  print(row)

conn.close()
```

実行すると、memo.dbが作られると同時に、次のように表示されます。

```
('2023_8_9', '本日のメモ¥n¥n牛乳を買うこと¥n髪を切りに行く')
```


アプリでは、日付を「'2023_8_9'」のように「'年_月_日'」の形式の文字列で表現することにします。

(b) 日付ごとにメモを編集できるようにする

カレンダー型メモアプリのGUIは、**図1**のようにしましょう。

図1●カレンダー型メモアプリのGUI

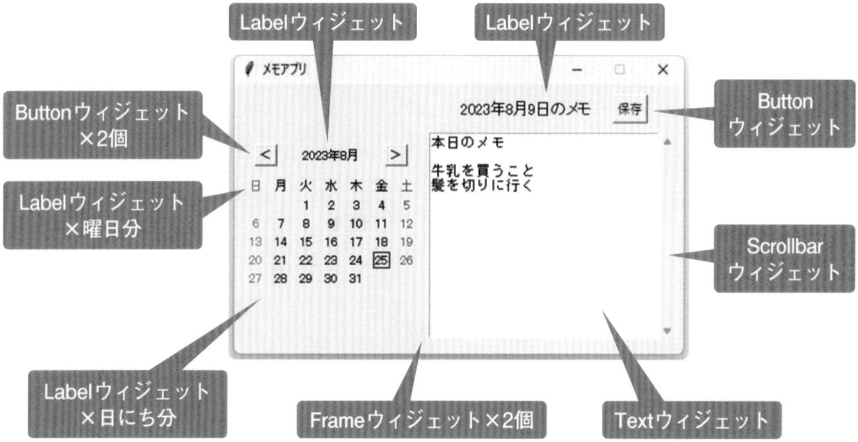

利用するウィジェットは次の通りです。

- Frameウィジェット×2個
- Labelウィジェット×(2個＋曜日分＋日にち分)
- Buttonウィジェット×3個
- Textウィジェット×1個
- Scrollbarウィジェット×1個

Frameウィジェットを使って、カレンダーとメモを分けてレイアウトします。

カレンダー部分は、表示する月を変更するButtonウィジェットと、年月、曜日、日付を表示するLabelウィジェットを使って作成することにします。また、メモのデータがある日は日付部分の色を変え、「本日」は日付の数字を枠で囲むことにします。

カレンダーの各日付は、クリックすることで選択でき、その日付にひも付くメモを入力できるようにします。

メモ部分は、日付表示のLabelウィジェットと、入力や編集を行うためのScrollbarウィジェット付きのTextウィジェットで構成します。

なお、アプリを起動した直後は、「本日」が選択された状態とし、すぐにメモを入力、編集できるようにしましょう。

そして、Buttonウィジェットで作る「保存」ボタンを押すと、入力したメモを日付とともにデータベースに保存できるようにします。

Textウィジェット

メモの入力と表示に使う「Textウィジェット」は、複数行テキストの入力や編集が行えるウィジェットです。非常に高機能で、豊富なオプションとたくさんの関数を備えています。

Textウィジェットは「Text関数」で生成します。Text関数の主なオプションは**表3**の通りです。

表3●Text関数の主なオプション

オプション	説明
height	最大行数を指定
borderwidth	枠線の幅を指定
background	背景色を指定
foreground	入力文字の色を指定
font	文字のフォントを指定
undo	アンドゥ機能の許可
width	幅（文字単位）を指定
wrap	テキストの折り返し指定 設定値：tkinter.CHAR、tkinter.WORD、tkinter.NONE
xscrollcommand	横軸スクロールバーとの連動指定
yscrollcommand	縦軸スクロールバーとの連動指定

■insert関数

Textウィジェットの「insert関数」を使うと、Textウィジェットに文字列を挿入、表示できます。書式は次のようになります。

```
insert(index, string)
```

引数indexにはテキストを挿入する位置を、引数stringには挿入する文字列を指定します。

リスト2の「text_01.py」は、Textウィジェットのinsert関数を使って、ボタンを押すと文字列を挿入するプログラムです。実行例を**図2**に示します。

リスト2●「text_01.py」。Textウィジェットのinsert関数を使うプログラム

```
import tkinter as tk

# ハンドラ関数
def click_insert1():
  text.insert('end', 'ABCDEFG¥n')
```

insert関数

```
def click_insert2():
  text.insert('2.0', 'あいうえお')   ← insert関数

def click_insert3():
  text.insert('3.2', '■■■')   ← insert関数

# トップレベルウインドウの生成
root = tk.Tk()
root.geometry('250x220')
root.title('Text Test')

# Textウィジェットの生成
text = tk.Text(
  root,
  width=30,
  height=7)
text.pack(expand=True)

# Buttonウィジェットの生成
button_1 = tk.Button(
  root,
  text='挿入1',
  command=click_insert1)
button_1.pack(expand=True)

button_2 = tk.Button(
  root,
  text='挿入2',
  command=click_insert2)
button_2.pack(expand=True)

button_3 = tk.Button(
  root,
  text='挿入3',
  command=click_insert3)
button_3.pack(expand=True)

root.mainloop()
```

図2●text_01.pyの実行例

text_01.pyでは、insert関数を次のように、3カ所で実行しています。

```
text.insert('end', 'ABCDEFG¥n')

text.insert('2.0', 'あいうえお')

text.insert('3.2', '■■■')
```

ここで注目したいのは、insert関数の第1引数の部分です。'end'を指定するとテキストの最後の位置に文字列を挿入します。

'2.0'や'3.2'は、「'行.文字'」の意味です。'2.0'だと2行目の先頭（0文字目の後）に、'3.2'だと3行目の2文字目の後に文字列を挿入します。

■get関数

「get関数」を使うと、Textウィジェットに表示されている文字列を取得できます。書式は次のようになります。

```
get(index1, index2)
```

引数index1とindex2で、取得する文字列の範囲を指定します。引数に与える値は、insert関数と同じようになります。

リスト3の「text_02.py」は、ボタンを押すと、get関数を使ってTextウィジェットの文字列を取得するプログラムです。実行例を**図3**に示します。Textウィジェットには適当に文字列を入力してください。

リスト3●「text_02.py」。Textウィジェットのget関数を使うプログラム

```
import tkinter as tk

# ハンドラ関数
def click_get1():
  # 全文字列を取得
  print(text.get('1.0', 'end'))  ← get関数

def click_get2():
  # 全文字列を取得(末尾の改行なし)
  print(text.get('1.0', 'end-1c'))  ← get関数

def click_get3():
  # 2行目と3行目の文字列を取得
  print(text.get('2.0', '3.end'))  ← get関数

# トップレベルウインドウの生成
root = tk.Tk()
root.geometry('250x220')
root.title('Text Test')

# Textウィジェットの生成
text = tk.Text(
  root,
  width=30,
  height=7)
text.pack(expand=True)

# Buttonウィジェットの生成
button_1 = tk.Button(
  root,
  text='取得1',
  command=click_get1)
button_1.pack(expand=True)

button_2 = tk.Button(
  root,
  text='取得2',
  command=click_get2)
```

```
button_2.pack(expand=True)

button_3 = tk.Button(
  root,
  text='取得3',
  command=click_get3)
button_3.pack(expand=True)

root.mainloop()
```

図3●text_02.pyの実行例。get関数が取得した文字列をコマンドプロンプトに表示

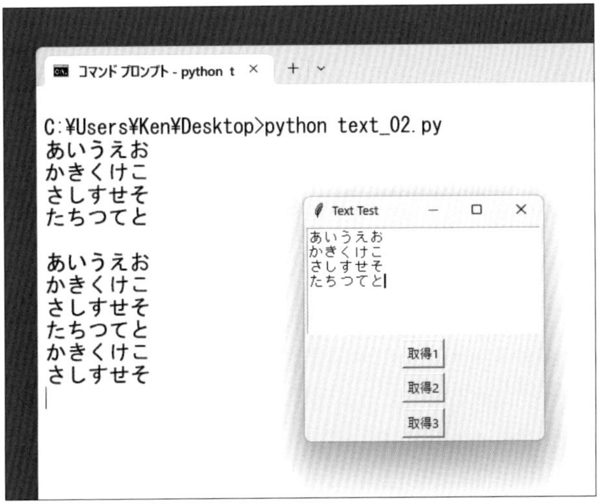

text_02.pyでは、get関数を次のように、3カ所で実行しています。

```
text.get('1.0', 'end')

text.get('1.0', 'end-1c')

text.get('2.0', '3.end')
```

引数で文字列を取得する範囲を指定しています。

「text.get('1.0', 'end')」で、Textウィジェットに記述された全文字列を取得できます。ただし、末尾に改行が付いてきます。

末尾に改行が付かない全文字列を取得したい場合は、「text.get('1.0', 'end-1c')」とします。

「text.get('2.0', '3.end')」は2行目と3行目の文字列を取得します。

■delete関数

「delete関数」を使うと、Textウィジェットの文字列を削除できます。書式は次のようになります。

```
delete(index1, index2)
```

get関数と同様に、引数index1とindex2で、削除する文字列の範囲を指定します。

リスト4の「text_03.py」は、ボタンを押すと、delete関数を使って文字列を削除するプログラムです。実行例を**図4**に示します。Textウィジェットには適当に文字列を入力してください。

リスト4●「text_03.py」。Textウィジェットのdelete関数を使うプログラム

```
import tkinter as tk

# ハンドラ関数
def click_delete1():
  # すべて削除
  text.delete('1.0', 'end') ← delete関数

def click_delete2():
  # 3行目を削除
  text.delete('3.0', '3.end') ← delete関数

# トップレベルウインドウの生成
root = tk.Tk()
root.geometry('250x200')
root.title('Text Test')

# Textウィジェットの生成
text = tk.Text(
```

```
  root,
  width=30,
  height=7)
text.pack(expand=True)

# Buttonウィジェットの生成
button_1 = tk.Button(
  root,
  text='削除1',
  command=click_delete1)
button_1.pack(expand=True)

button_2 = tk.Button(
  root,
  text='削除2',
  command=click_delete2)
button_2.pack(expand=True)

root.mainloop()
```

図4●text_03.pyの実行例。3行目だけを削除した

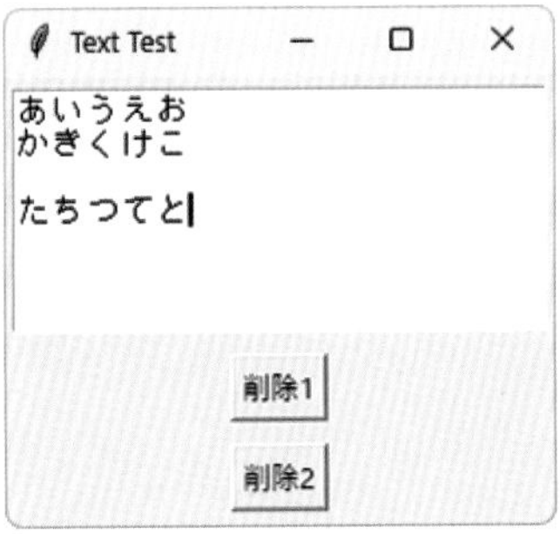

text_03.pyでは、delete関数を次のように、2カ所で実行しています。

```
text.delete('1.0', 'end')
```

```
text.delete('3.0', '3.end')
```

「text.delete('1.0', 'end')」で全文字列を削除できます。「text.delete('3.0', '3.end')」とすると、3行目だけを削除できます。図4は、3行目だけをボタンを押

して削除した例です。

■Scrollbarウィジェット

「Scrollbarウィジェット」は、他のウィジェットの表示領域をスクロールさせるための、スクロールバーのウィジェットです。

Scrollbarウィジェットは「Scrollbar関数」で生成します。ここで利用するオプションは**表4**の2つだけです。

表4●ここで利用するScrollbarウィジェットのオプション

オプション	説明
command	バーをスライドして値が変化したときに実行するハンドラ関数を指定
orient	レイアウトの方向を指定 設定値：tkinter.HORIZONTAL（水平）、tkinter.VERTICAL（垂直）

リスト5の「scrollbar.py」は、ScrollbarウィジェットとTextウィジェットを連動させるプログラムの例です。実行例を**図5**に示します。

リスト5●「scrollbar.py」。ScrollbarウィジェットとTextウィジェットを連動させるプログラム

```
import tkinter as tk

# 表示テキストの生成
sample = ''
for i in range(20):
  hira = [chr(j) for j in range(ord('あ'),
                                ord('ん') + 1)]
  hira = ''.join(hira)
  sample = sample + hira + '¥n'

# トップレベルウインドウの生成
root = tk.Tk()
root.geometry('250x150')
root.title('Scrollbar Text')

# Textウィジェットの生成と配置
text = tk.Text(
```

```
  root,
  wrap=tk.NONE)
# テキストを挿入
text.insert('1.0', sample)
text.place(x=10, y=10, width=220, height=120)

# 垂直方向のScrollbarウィジェットの生成
scroll_v = tk.Scrollbar(
  root,
  orient=tk.VERTICAL, # 垂直方向を指定
  command=text.yview) # Textウィジェットを設定
# Textウィジェットを設定
text['yscrollcommand'] = scroll_v.set
scroll_v.place(x=230, y=10, height=120)

# 水平方向のScrollbarウィジェットの生成
scroll_h = tk.Scrollbar(
  root,
  orient=tk.HORIZONTAL, # 水平方向を指定
  command=text.xview)   # Textウィジェットを設定
# Textウィジェットを設定
text['xscrollcommand'] = scroll_h.set
scroll_h.place(x=10, y=130, width=220)

root.mainloop()
```

垂直方向のScrollbarウィジェットの設定

水平方向のScrollbarウィジェットの設定

図5●scrollbar.pyの実行例

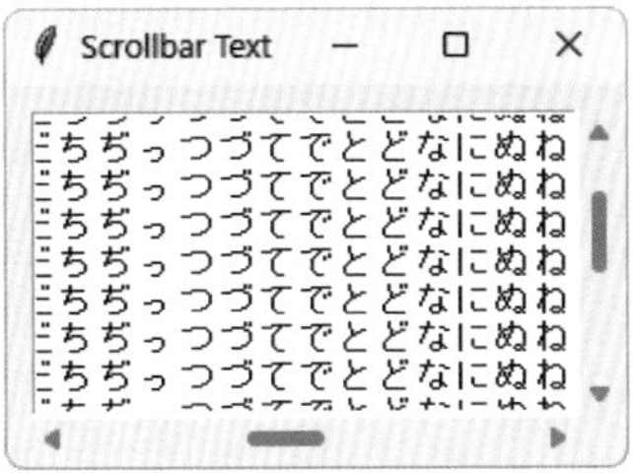

スクロールバーを動かすと、連動してTextウィジェットの表示もスクロールします。

scrollbar.pyでは、まず、Textウィジェットを生成しています。

その後、垂直方向のScrollbarウィジェットと水平方向のScrollbarウィジェッ

トを生成しています。その際、Scrollbar関数のcommandオプションに、連動させるTextウィジェットの「yview属性」と「xview属性」を設定しています。

```
command=text.yview

command=text.xview
```

さらに、連動させるTextウィジェットの「yscrollcommand属性」と「xscrollcommand属性」に、Scrollbarウィジェットの「set属性」を設定しています。

```
text['yscrollcommand'] = scroll_v.set

text['xscrollcommand'] = scroll_h.set
```

これで、2つのウィジェットが連動するようになります。

(c)カレンダーで日付を選択できるようにする

Tkinterには、カレンダーを表示するウィジェットがありません。そこで、自作することにします。

といっても、それほど面倒ではありません。Pythonの標準ライブラリにある「calendarモジュール」を使うと、年月日の情報を容易に取得できます。

リスト6の「calendar_01.py」は、calendarモジュールを使って、2023年8月のカレンダーをテキストで表示するプログラムです。

リスト6●「calendar_01.py」。2023年8月のカレンダーを表示するプログラム

```
import calendar

print(calendar.month(2023, 8))
```

calendarモジュールの「month関数」を使うだけです。実行結果は次のようになります。

```
    August 2023
Mo Tu We Th Fr Sa Su
    1  2  3  4  5  6
 7  8  9 10 11 12 13
14 15 16 17 18 19 20
21 22 23 24 25 26 27
28 29 30 31
```

■GUI版のカレンダー

では、カレンダーをGUI化しましょう。**リスト7**の「calendar_02.py」は、**図6**のカレンダーを表示するプログラムです。

リスト7●「calendar_02.py」。GUI化したカレンダーのプログラム

```
import tkinter as tk
import datetime
import calendar
from tkinter import messagebox

# 「本日」の年月日を取得
yer  = [datetime.date.today().year] * 2 ─┐
mon = [datetime.date.today().month] * 2  ├─(1)
today = datetime.date.today().day ───────┘

WEEK = ['日', '月', '火', '水', '木', '金', '土']
WEEK_COLOR = ['red', 'black', 'black', 'black',
              'black', 'black', 'blue']

# カレンダーの日付がクリックされたときの処理
def click(event):
  t = event.widget['text']
  messagebox.showinfo('メッセージ',
                      str(t) + '日です。')

# 表示するカレンダーの生成
def disp(arg): ◀──── disp関数
  global yer
  global mon
```

```
mon[0] += arg

# 年をまたぐ処理と年月の表示
if mon[0] < 1:
  mon[0], yer[0] = 12, yer[0] - 1
elif mon[0] > 12:
  mon[0], yer[0] = 1, yer[0] + 1
label['text'] = str(yer[0]) + '年' + ¥
                    str(mon[0]) + '月'

# カレンダーの情報の取得
cal = calendar.Calendar(firstweekday=6)          ─┐
cal = cal.monthdayscalendar(yer[0], mon[0])      ─┴─(2)

# Frame上のウィジェットを削除
for widget in frame.winfo_children():
  widget.destroy()

# 1行目に曜日を表示
r = 0
for i,x in enumerate(WEEK):
  label_day = tk.Label(
    frame,
    text=x,
    font=('', 10),
    width=3,
    fg=WEEK_COLOR[i])
  label_day.grid(row=r, column=i, pady=1)

# 2行目以降日付を表示
r = 1
for week in cal:
  for i,day in enumerate(week):
    day = ' ' if day == 0 else day
    label_day = tk.Label(
      frame,
      text=day,
      font=('', 10),
      fg=WEEK_COLOR[i],
      borderwidth=1)
    if (yer[0], mon[0], today) == ¥
       (yer[1], mon[1], day):
      label_day['relief'] = 'solid'
```

```
      label_day.bind('<ButtonRelease-1>', click)
      label_day.grid(row=r, column=i,
                     padx=2, pady=1)
    r = r + 1

# ウインドウの生成
root = tk.Tk()
root.title('Calendar')
root.geometry('220x200')
root.resizable(0,0)

# ウインドウの幅に合わせて列を均等に3分割
for n in range(3):
  root.grid_columnconfigure(n, weight=1)

# 年月ボタンの表示
label = tk.Label(root, font=('', 10))
label.grid(row=0, column=1)

button_1 = tk.Button(
  root,
  text='<',
  font=('', 10),
  command=lambda:disp(-1))
button_1.grid(row=0, column=0, pady=10)

button_2 = tk.Button(
  root,
  text='>',
  font=('', 10),
  command=lambda:disp(1))
button_2.grid(row=0, column=2)

# カレンダーの日付を表示
frame = tk.Frame(root)
frame.grid(row=1, column=0, columnspan=3)

disp(0)

root.mainloop()
```

図6●calendar_02.pyの実行例

calendar_02.pyでは、Pythonの標準ライブラリにある「datetimeモジュール」を利用して、「本日」の日付を取得しています。冒頭の（1）の部分で実行している次のコードで、それぞれ、本日の年、月、日を取得しています。

```
datetime.date.today().year    #「本日」の年

datetime.date.today().month   #「本日」の月

datetime.date.today().day     #「本日」の日
```

カレンダーは月が変わるたびに全面書き換えします。disp関数には、カレンダーの表示の処理をすべてまとめています。disp関数では、引数が「0」のときに今月を、「−1」のときに先月を、「1」のときに翌月を表示します。

カレンダーの情報を取得しているのは、disp関数の（2）にある次のコードです。

```
cal = calendar.Calendar(firstweekday=6)
cal = cal.monthdayscalendar(yer[0], mon[0])
```

これで、変数calには、その月のカレンダーの日にちのデータが、次のようなリストで格納されます。

```
[[0, 0, 0, 0, 0, 1, 2], [3, 4, 5, 6, 7, 8, 9], [10, 11, 12, 
13, 14, 15, 16], [17, 18, 19, 20, 21, 22, 23], [24, 25, 26, 
27, 28, 29, 30]]
```

ちなみにこれは2023年9月のデータです。

また、calendar_02.pyでは、トップレベルウインドウを2行3列のグリッドで構成しています。そして、その中にFrameウィジェットを配置することで、1行目の「＜」ボタン、年月、「＞」ボタンと、カレンダー部分をきれいに分けてレイアウトしています。

それでは、このカレンダーのプログラムを使って、アプリを完成させましょう。

アプリを仕上げる

カレンダー型メモアプリのプログラムは**リスト8**の「memo_app.py」になります。memo_app.pyはデータベースのmemo.dbを使うので、create_db.pyを実行してmemo.dbを作ってから実行します。また、memo.dbはmemo_app.pyと同じフォルダーに配置する必要があります。

リスト8●「memo_app.py」。カレンダー型メモアプリのプログラム

```
import tkinter as tk
import datetime
import calendar
from tkinter import messagebox
import sqlite3

# 日付を引数にしてメモを取得する関数
def get_memo(day):
  conn = sqlite3.connect('memo.db')
  cur = conn.cursor()
  today_memo = ''
  sql = 'SELECT * FROM daily WHERE date = ?'
  for row in cur.execute(sql, (day,)):
    today_memo = row[1]
  conn.close()
  return today_memo

# 日付のクリック時に実行する関数
def click(event):
  global click_day
  click_day = event.widget['text']
  n = str(yer[0]) + '_' + str(mon[0]) + ¥
```

（← dailyテーブルからメモのデータを抽出するSQL文）

```
      '_' + str(click_day)
  title['text'] = make_text_1(yer[0], mon[0], ¥
                  click_day) + 'のメモ'
  text.delete('1.0', 'end')
  text.insert('1.0', get_memo(n))

# 保存ボタンのクリック時に実行する関数
def save(t_day):
  conn = sqlite3.connect('memo.db')
  cur = conn.cursor()
  sql = 'REPLACE INTO daily VALUES(?, ?)'
  cur.execute(sql, (t_day, ¥
              text.get('1.0', 'end-1c')))
  conn.commit()
  conn.close()
  messagebox.showinfo('メッセージ', ¥
                      'データを保存しました。')
  disp(0)

# 引数の日付にメモがあればTrue、
# なければFalseを返す関数
def check(y, m, d):
  day = str(y) + '_' + str(m) + '_' + str(d)
  if get_memo(day) != '':
    return True
  return False

# 日付文字列を作る関数
def make_text_1(y, m, d):
  return str(y) + '年' + str(m) + ¥
         '月' + str(d) + '日'

def make_text_2(y, m, d):
  return str(y) + '_' + str(m) + '_' + str(d)

# 表示するカレンダーの生成
WEEK = ['日', '月', '火', '水', '木', '金', '土']
WEEK_COLOR = ['red', 'black', 'black', 'black',
              'black', 'black', 'blue']

def disp(arg):
  global yer
  global mon
```

データの追加または更新を行うSQL文

```
mon[0] += arg

if mon[0] < 1:
  mon[0], yer[0] = 12, yer[0] - 1
elif mon[0] > 12:
  mon[0], yer[0] = 1, yer[0] + 1
label['text'] = str(yer[0]) + '年' ¥
                    + str(mon[0]) + '月'

cal = calendar.Calendar(firstweekday=6)
cal = cal.monthdayscalendar(yer[0], mon[0])

for widget in frame.winfo_children():
  widget.destroy()

r = 0
for i,x in enumerate(WEEK):
  label_day = tk.Label(
    frame,
    text=x,
    font=('', 10),
    width=3,
    fg=WEEK_COLOR[i])
  label_day.grid(row=r, column=i, pady=1)
r = 1
for week in cal:
  for i,day in enumerate(week):
    day = ' ' if day == 0 else day
    label_day = tk.Label(
      frame,
      text=day,
      font=('', 10),
      fg=WEEK_COLOR[i],
      borderwidth=1)
    if (yer[0], mon[0], today) == ¥
       (yer[1], mon[1], day):
      label_day['relief'] = 'solid'
    if check(yer[0], mon[0], day):
      label_day['background'] = 'yellow'
    label_day.bind('<ButtonRelease-1>', click)
    label_day.grid(row=r, column=i, ¥
                   padx=2, pady=1)
```

```
    r = r + 1

# トップレベルウインドウの生成(リサイズ不可)
root = tk.Tk()
root.title('メモアプリ')
root.geometry('480x280')
root.resizable(0, 0)

# カレンダー用のフレーム
c_frame = tk.Frame(root)
frame = tk.Frame(c_frame)

for n in range(3):
  c_frame.grid_columnconfigure(n, weight=1)

yer  = [datetime.date.today().year] * 2
mon = [datetime.date.today().month] * 2
today = datetime.date.today().day
click_day = today

label = tk.Label(c_frame, font=('', 10))
label.grid(row=0, column=1)

button_1 = tk.Button(
  c_frame,
  text='＜',
  font=('', 10),
  command=lambda:disp(-1))
button_1.grid(row=0, column=0, pady=10)

button_2 = tk.Button(
  c_frame,
  text='＞',
  font=('', 10),
  command=lambda:disp(1))
button_2.grid(row=0, column=2)
frame.grid(row=1, column=0, columnspan=3)

disp(0)

# ここからメモ用のフレーム
d_frame = tk.Frame(root)
```

```
# タイトルと保存ボタン
t_frame = tk.Frame(d_frame)
title = tk.Label(
  t_frame,
  text=make_text_1(yer[0], mon[0], today) + ¥
                  'のメモ',
  font=('', 12))
title.grid(row=0, column=0, padx=20)

button = tk.Button(
  t_frame,
  text='保存',
  command=lambda:save(make_text_2(yer[0], ¥
                    mon[0], click_day)))
button.grid(row=0, column=1)
t_frame.grid(row=0, column=0, pady=10)

# メモ用のTextウィジェット
text = tk.Text(
  d_frame,
  width=30,
  height=14)
text.grid(row=4, column=0)

scroll_v = tk.Scrollbar(d_frame,
                        orient=tk.VERTICAL,
                        command=text.yview)
scroll_v.grid(row=4, column=1,
              sticky=tk.N+tk.S)
text["yscrollcommand"] = scroll_v.set
text.insert('1.0', ¥
            get_memo(make_text_2(yer[0], ¥
            mon[0], today)))

c_frame.grid(row=0, column=0, padx=10)
d_frame.grid(row=0, column=1)

root.mainloop()
```

SQLite3のおかげで、機能の割には短いコードになっていると思います。memo_app.pyの実行例を**図7**に示します。

図7●memo_app.pyの実行例

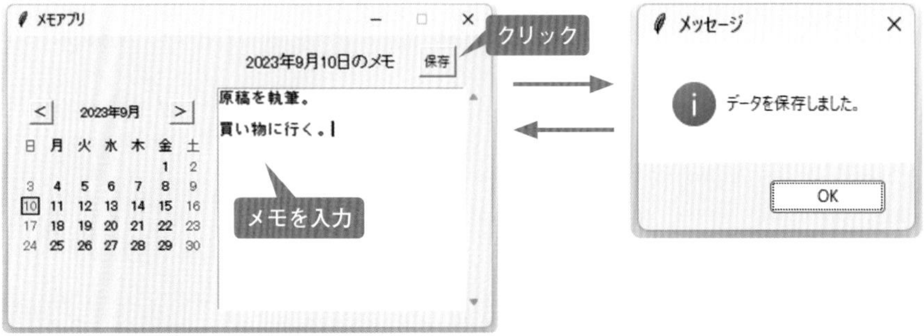

memo_app.pyで実行しているSQL文は次の2つです。

```
SELECT * FROM daily WHERE date = ?

REPLACE INTO daily VALUES(?, ?)
```

「SELECT * FROM daily WHERE date = ?」では、「2023_9_10」といった形式の日付のデータを使って、memo.dbのdailyテーブルからメモのデータを抽出します。このSQL文は、get_memo関数で実行します。get_memo関数は日付を引数にしてメモを取得する関数です。

「REPLACE INTO daily VALUES(?, ?)」は、「保存」ボタンがクリックされたときに実行するsave関数の中で実行しています。「VALUES(?, ?)」の最初の「?」には「2023_9_10」の形式の日付のデータを、2つ目の「?」には「text.get('1.0', 'end-1c')」で取得するTextウィジェットに入力された全文字列を入れます。REPLACE INTO文は標準的なSQL文ではありませんが、この構文のおかげで、データの追加と更新を1つのコードで行うことができています。

第3章 蔵書管理アプリ

第3章で作るデスクトップアプリは「蔵書管理アプリ」です。このアプリでもSQLite3を使います。

蔵書管理アプリは凝り出すといくらでも高機能のものを作れると思います。ただ、そうなるとプログラムもどんどん長くなりますから、ここではシンプルな機能に留めておきます。

蔵書管理アプリの機能と処理は次のようにしましょう。

機能と処理

(a) 蔵書データはデータベースで管理する
(b) 蔵書の一覧と詳細情報を表示できるようにする
(c) 書籍の新規登録、削除のメニューを付ける

(a) 蔵書データはデータベースで管理する

1冊の書籍には様々なデータがありますが、今回は**表1**のデータを扱うことにします。

表1●アプリで扱う書籍のデータ

項目
ISBN/ASIN
タイトル
著者
出版社
発売日
価格
表紙画像

ISBNは「国際標準図書番号」（International Standard Book Number）で、紙の書籍に割り当てられるユニークな番号です。ASINは「Amazon Standard Item Number」の略で、Amazonで販売されている紙の書籍以外の商品に割り当てられているユニークな番号です。電子書籍のKindle本にはISBNがないので、代わりにASINを入力することにします。

扱うデータの項目が決まったので、テーブルを考えます。データを格納する「booksテーブル」は**表2**のようにします。booksテーブルに格納するデータの例を**表3**に示します。

表2●booksテーブル

名前	列名	データ型	制約
識別番号	id	INTEGER	PRIMARY KEY
ISBN/ASIN	isbn	TEXT	NOT NULL
タイトル	title	TEXT	NOT NULL
著者	author	TEXT	NOT NULL
出版社	publisher	TEXT	NOT NULL
発売日	release	TEXT	NOT NULL
価格	price	INTEGER	NOT NULL
表紙画像	image	TEXT	NOT NULL

AUTOINCREMENTを設定

表3●データの例

id	1
isbn	9784296102136
title	ビジネスPython超入門
author	中島　省吾
publisher	日経BP
release	2019年6月10日
price	2640
image	img_001.png

表2は、表1に「id」（ユニークな識別番号）の「id列」を追加し、各列のデータ型と制約の項目を設定したものです。

当初、ISBNまたはASINを、データを一意に特定するためのPRIMARY KEY(主キー)にすることも考えました。しかし、同人誌のようにISBNやASINを持たない書籍もありますし、同じ書籍を2冊持っている場合は2冊登録できるようにしたいので、別途、id列を導入しました。

■AUTOINCREMENTを設定

id列のデータ型は「INTEGER」に、制約は「PRIMARY KEY」にします。また、id列には「AUTOINCREMENT」を設定します。AUTOINCREMENTを設定すると、データを追加した際に、idの値を、1、2、3…のように自動で+1してくれます。

表示画像のimage列で扱うのは、画像そのもののデータではなく、表紙画像ファイルの名前です。ですから、データ型はTEXT型にします。表紙画像ファイルは、アプリのプログラムのファイルと同じフォルダーに配置することにします。

表紙画像ファイルは、出版社が公式的に提供しているものか、表紙をスマートフォンで撮影して加工したものを使います。画像フォーマットは、ここではPNG形式にします。また、画像サイズは横70×縦100ピクセルに統一します。ファイル名は「img_001.png」といった形式にします。

表2のbooksテーブルを作成するSQL文は次のようになります。

```
CREATE TABLE books (
  id INTEGER PRIMARY KEY AUTOINCREMENT,
  isbn TEXT NOT NULL,
  title TEXT NOT NULL,
  author TEXT NOT NULL,
  publisher TEXT NOT NULL,
  release TEXT NOT NULL,
  price INTEGER NOT NULL,
  image TEXT NOT NULL)
```

では、このSQL文を使って、データベースとbooksテーブルを作成するプログラムを作りましょう。これは、**リスト1**の「create_db.py」になります。

リスト1●「create_db.py」。データベースとbooksテーブルを作成するプログラム

```
import sqlite3

# データベースを作成
conn = sqlite3.connect('collection.db')
cur = conn.cursor()

# booksテーブルを作成するSQL文を文字列で定義
sql = """CREATE TABLE books (
         id INTEGER PRIMARY KEY AUTOINCREMENT,
         isbn TEXT NOT NULL,
         title TEXT NOT NULL,
         author TEXT NOT NULL,
         publisher TEXT NOT NULL,
         release TEXT NOT NULL,
         price INTEGER NOT NULL,
         image TEXT NOT NULL)"""

# SQL文を実行してbooksテーブルを作成
cur.execute(sql)

# テスト用のデータ(5件)
books = [
  [ '9784296102136',
    'ビジネスPython超入門',
    '中島　省吾',
    '日経BP',
    '2019年6月10日',
    2640,
    'img_001.png'],
  [ 'B07HMN68L9',
    '5日間で学ぶPython　AIプログラミング編',
    '中島　省吾',
    '日経BP',
    '2018年9月25日',
    880,
    'img_002.png'],
  [ 'B00N2NRK0K',
    'VisualC#　やりたいこと逆引き事典',
```

```
    '中島　省吾',
    '日経BP',
    '2014年8月28日',
    550,
    'img_003.png'],
  [ 'B00JQ1A9F0',
    '読むプログラミング用語辞典',
    '中島　省吾',
    '日経BP',
    '2014年4月18日',
    550,
    'img_004.png'],
  [ 'B00OIN7NG4',
    'Windowsアプリを5日で作れる本',
    '中島　省吾',
    '日経BP',
    '2014年10月16日',
    550,
    'img_005.png']]

sql = """INSERT INTO books(isbn,
                           title,
                           author,
                           publisher,
                           release,
                           price,
                           image)
         VALUES (?, ?, ?, ?, ?, ?, ?)"""

for i in range(len(books)):
  cur.execute(sql, books[i])
conn.commit()

# SELECT文でテスト用のデータを確認
for row in cur.execute("SELECT * FROM books"):
  print(row)

conn.close()
```

実行すると、データベースのファイル「collection.db」を作成し、その中にbooksテーブルを作ります。また、テスト用に5件のデータをテーブルに挿入しています。プログラムの最後では、5件のデータが追加されたことを確認するために、

booksテーブルの全データを表示しています。全データの表示は次のようになります。

```
(1, '9784296102136', 'ビジネスPython超入門', '中島¥u3000省吾', '日経BP', '2019年6月10日', 2640, 'img_001.png')
(2, 'B07HMN68L9', '5日間で学ぶPython¥u3000AIプログラミング編', '中島¥u3000省吾', '日経BP', '2018年9月25日', 880, 'img_002.png')
(3, 'B00N2NRK0K', 'VisualC# やりたいこと逆引き事典', '中島¥u3000省吾', '日経BP', '2014年8月28日', 550, 'img_003.png')
(4, 'B00JQ1A9F0', '読むプログラミング用語辞典', '中島¥u3000省吾', '日経BP', '2014年4月18日', 550, 'img_004.png')
(5, 'B000IN7NG4', 'Windowsアプリを5日で作れる本', '中島¥u3000省吾', '日経BP', '2014年10月16日', 550, 'img_005.png')
```

なお、表紙画像ファイルのimg_001.pngなどは、**図1**のものを用意しておきます。

図1●表紙画像ファイルを用意

ここまででデータベースの準備が整いました。

(b)蔵書の一覧と詳細情報を表示できるようにする

蔵書管理アプリでは、蔵書の情報を表示するメインウインドウと、書籍情報入力用のサブウインドウを作ることにします。メインウインドウのGUIは**図2**のように、サブウインドウのGUIは**図3**のようにします。

図2●蔵書一覧用のメインウインドウのGUI

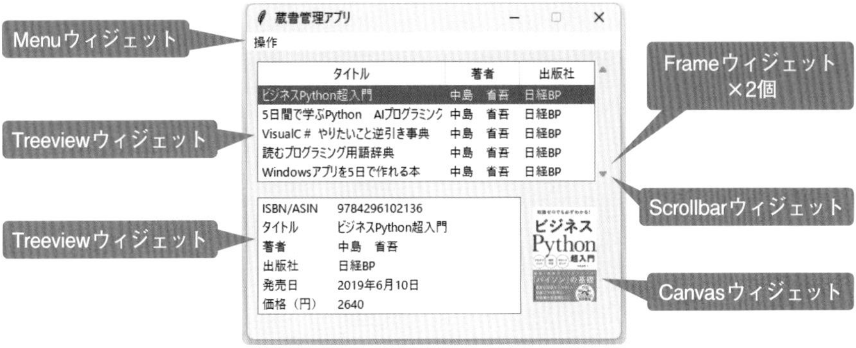

図3●書籍情報入力用のサブウインドウのGUI

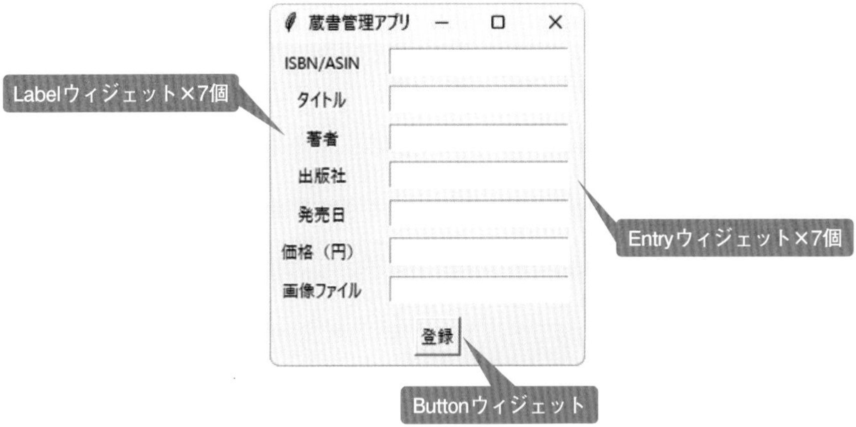

メインウインドウで利用するウィジェットは次の通りです。

Treeviewウィジェット×2個
Canvasウィジェット×1個
Menuウィジェット×1個
Frameウィジェット×2個
Scrollbarウィジェット×1個

サブウインドウで利用するウィジェットは次のようになります。

Labelウィジェット×7個
Entryウィジェット×7個
Buttonウィジェット×1個

Treeviewウィジェット

今回は、蔵書一覧と選択した書籍の詳細情報の表示に、「Treeviewウィジェット」を使います。Treeviewウィジェットは、ttk版のみなので、利用する際には「from tkinter import ttk」のようにttkモジュールをインポートします。

Treeviewウィジェットを使うと、「階層表示」や「表」を表示できます。非常に高機能で、多くのオプションや関数が用意されています。

Treeviewウィジェットは「Treeview関数」で生成します。Treeview関数の主なオプションは**表4**の通りです。

表4●Treeview関数の主なオプション

オプション	説明
columns	階層列以降の列に対する「列の識別名」の設定
height	行数を設定
selectmode	選択できる数の設定。設定値は以下の通り 'extended'：複数選択可能（デフォルト） 'browse'：1つだけ選択可能 'none'：選択不可
show	階層列と列見出しの使用。設定値は以下の通り 'tree'：階層列あり、列見出しなし 'headings'：階層列なし、列見出しあり ['tree' , 'headings']：両方あり（デフォルト）
xscrollcommand	横軸スクロールバーとの連動指定
yscrollcommand	縦軸スクロールバーとの連動指定

Treeviewウィジェットの一番左側の列は「階層列」（ツリーカラム）と呼ばれる特殊な列で、以降の列とは扱いが異なります。Treeview関数の「columnsオプション」では、この階層列以降の列に対する識別名をタプルで指定します。階層

列には識別名として「'#0'」が割り当てられています。

また、Treeviewウィジェットの1行目は、項目名などを表示する「列見出し」になっています。

表4にある「showオプション」では、「階層列」と「列見出し」のそれぞれを表示するかどうかを設定できます。デフォルトは両方とも表示になります。

リスト2の「treeview_01.py」は、Treeviewウィジェットのプログラムです。実行例を**図4**に示します。

リスト2●「treeview_01.py」。Treeviewウィジェットのプログラム

```
import tkinter as tk
from tkinter import ttk   # ttkをインポートする

# insert関数の実行
def insert_test(str):
  id = tview_1.insert(parent='',
                      index='end', text=str)
  tview_1.insert(parent=id, index='end',
                 values=('ABC', 100, 'あいう'))
  tview_1.insert(parent=id, index='end',
                 values=('DEF', 200, 'かきく'))
  tview_1.insert(parent=id, index='end',
                 values=('GHI', 300, 'さしす'))

# トップレベルウインドウの生成
root = tk.Tk()
root.geometry('350x260')
root.title('Treeview Test')
root.resizable(0, 0)

# 列の識別名
c_name = ('col_1', 'col_2', 'col_3') ←(1)

# Treeviewウィジェットの生成
tview_1 = ttk.Treeview( ← Treeview関数
  root,
  columns=c_name)
                                column関数
# 列の設定
tview_1.column('#0', ←
               anchor='w', width=80)   # 階層列
```

```
for c in c_name:                                              ─(2)
  tview_1.column(c, anchor='center', width=80)

# 列見出し
tview_1.heading('#0',
                text='ツリーカラム')   # 階層列
tview_1.heading(c_name[0], text='カラム_1')                    ─(3)
tview_1.heading(c_name[1], text='カラム_2')
tview_1.heading(c_name[2], text='カラム_3')

insert_test('1行目')
insert_test('2行目')
insert_test('3行目')

tview_1.pack(expand=True)

root.mainloop()
```

図4●treeview_01.pyの実行例

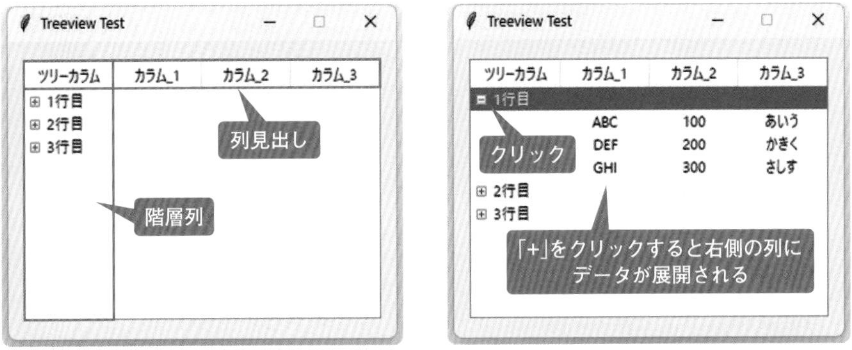

階層列には「+」アイコンがあり、クリックするとデータが展開されます。

■column関数とheading関数

treeview_01.pyでは、Treeviewウィジェットの「column関数」を使って、列に関する設定を行っています。まず、第1引数に'#0'を指定した次のコードで、階層列の幅などを設定しています。

```
tview_1.column('#0', anchor='w', width=80)
```

次にtreeview_01.pyの（1）と（2）で、階層列の右にくる各列に識別名を設定しつつ、幅などを設定しています。

```
# 列の識別名
c_name = ('col_1', 'col_2', 'col_3')
for c in c_name:
  tview_1.column(c, anchor='center', width=80)
```

その後、(3）のTreeviewウィジェットの「heading関数」を利用して、列見出しを設定しています。

```
tview_1.heading('#0', text='ツリーカラム')
tview_1.heading(c_name[0], text='カラム_1')
tview_1.heading(c_name[1], text='カラム_2')
tview_1.heading(c_name[2], text='カラム_3')
```

heading関数の第1引数には列の識別名を、引数textには列見出しの文字列を設定します。

■階層列を表示しないプログラム

ただし、treeview_01.pyのように階層列を表示すると、プログラムが若干複雑になります。よって、完成版のアプリでは階層列を表示しない（使わない）ことにします。

リスト3の「treeview_02.py」は、階層列を使わないプログラムです。実行結果を**図5**に示します。

リスト3●「treeview_02.py」。階層列を使わないTreeviewウィジェットのプログラム

```
import tkinter as tk
from tkinter import ttk

# トップレベルウインドウの生成
root = tk.Tk()
root.geometry('260x250')
root.title('Treeview Test')
root.resizable(0,0)

# 列の識別名
c_name = ('col_1', 'col_2', 'col_3')

# Treeviewウィジェットの生成
tview_1 = ttk.Treeview(
  root,
  show='headings',    # 階層列は非表示
  columns=c_name)

# 列の設定
for c in c_name:
  tview_1.column(c, anchor='center', width=80)

# 列見出し
tview_1.heading(c_name[0], text='カラム_1')
tview_1.heading(c_name[1], text='カラム_2')
tview_1.heading(c_name[2], text='カラム_3')

# 最後(この時点での先頭)に追加
tview_1.insert(parent='', index='end',
               values=('ABC', 100, 'あいう'))
# 先頭に追加
tview_1.insert(parent='', index=0,
               values=('DEF', 200, 'かきく'))
# 最後に追加
tview_1.insert(parent='', index='end',
               values=('GHI', 300, 'さしす'))

tview_1.pack(expand=True)

root.mainloop()
```

図5●treeview_02.pyの実行結果

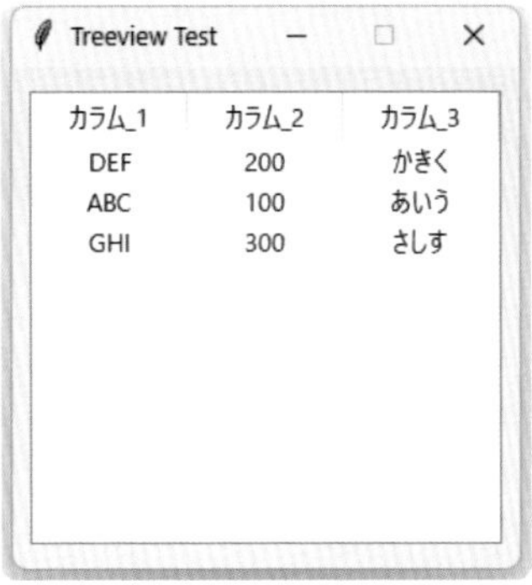

treeview_02.pyでは、階層列を使わず、列見出しだけを表示するので、Treeview関数の「showオプション」に「'headings'」を指定しています。

階層列を使わないと、行にデータを追加する「insert関数」を次のように簡単に使えます。

```
tview_1.insert(parent='', index='end',
               values=('ABC', 100, 'あいう'))
```

引数parentには、本来は“親アイテムID”を指定しますが、階層列を使わない場合は、空文字列の「''」を指定しておけばOKです。

引数indexには、データを追加する行のインデックスを指定します。「0」なら先頭に、「'end'」なら最後の行の後に追加することになります。

引数valuesには、追加する1行分のデータをタプルで指定します。

Menuウィジェット

本書ではここまで、デスクトップアプリには欠かせない「メニュー」に言及してきませんでしたが、いよいよメニューを作ります。

アプリのメニューは「Menuウィジェット」を利用して作成します。Menuウィジェットは、ウインドウに「メニューバー」や「メニューコマンド」を追加するウィジェットです。

Menuウィジェットは「Menu関数」で生成します。Menu関数の主なオプションは**表5**の通りです。

表5●Menu関数の主なオプション

オプション	説明
activebackground	マウスポインタがあるときの背景色
activeforeground	マウスポインタがあるときの文字色
bitmap	用意されているBitmapを指定
cursor	メニュー上にマウスポインタがある際のカーソルの種類
disabledforeground	無効(DISABLED)状態の文字色

リスト4の「menu.py」は、ウインドウにメニューバーを作り、「操作」メニューをクリックすると「保存」「削除」「検索」のメニューコマンドを表示するプログラムです。実行例を**図6**に示します。

リスト4●「menu.py」。Menuウィジェットを使うプログラム

```
import tkinter as tk
from tkinter import messagebox

# トップレベルウインドウの生成
root = tk.Tk()
root.geometry('320x220')
root.title('Menu Test')

# Menuウィジェットを生成
men = tk.Menu(
  root,
  tearoff=False)

# menをウインドウのメニューバーに設定
root.config(menu=men)

# Menuウィジェットを生成
menu_command = tk.Menu(
  root,
  tearoff=False)

# menu_commandをメニューバーに
```

```
# 操作メニューとして追加
men.add_cascade(label='操作', menu=menu_command)

# 操作メニューに保存メニューを追加
menu_command.add_command(
  label='保存',
  command=lambda:messagebox.showinfo('Menu Test',
                                     '保存'))

# 区切り線を追加
menu_command.add_separator()

# 操作メニューに削除メニューを追加
menu_command.add_command(
  label='削除',
  command=lambda:messagebox.showinfo('Menu Test',
                                     '削除'))

# 区切り線を追加
menu_command.add_separator()

# 操作メニューに検索メニューを追加
menu_command.add_command(
  label='検索',
  command=lambda:messagebox.showinfo('Menu Test',
                                     '検索'))

root.mainloop()
```

図6●menu.pyの実行例

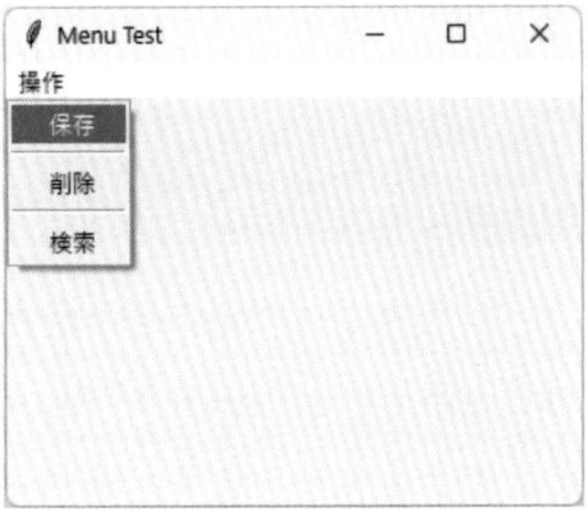

menu.pyでは、まず、Menuウィジェットを作成して、そのオブジェクト（men）

を、ウインドウ（トップレベルウインドウ）の「menu属性」に設定しています。

```
root.config(menu=men)
```

これで、そのMenuウィジェットは、ウインドウのメニューバーになります。

続けて、操作メニューにするMenuウィジェットを作成します。そして、そのオブジェクト（menu_command）をメニューバーのウィジェットの「add_cascade関数」でメニューバーに追加しています。

```
men.add_cascade(label='操作', menu=menu_command)
```

引数labelには'操作'を、引数menuにはMenuウィジェットのオブジェクトを指定します。

次に、操作メニューの「add_command関数」を使って、操作メニューがクリックされたときに表示するメニューコマンドを作ります。保存メニューであれば次のようなコードで作ります。

```
menu_command.add_command(
  label='保存',
  command=lambda:messagebox.showinfo('Menu Test',
                                     '保存'))
```

commandオプションに、そのメニューコマンドが選択されたときに実行するハンドラ関数を指定しています。

また、メニューコマンドとメニューコマンドの間に区切り線を追加するために、「add_separator関数」を実行しています。

アプリを仕上げる

蔵書管理アプリを完成させましょう。プログラムは**リスト5**の「collection_app.py」になります。collection_app.pyは、create_db.pyでデータベースのファイル（collection.db）を作成してから実行します。また、collection_app.pyとcollection.db、および表紙画像ファイル（img_001.pngなど）は、同じフォルダーに配置する必要があります。

リスト5●「collection_app.py」。蔵書管理アプリのプログラム

```
import tkinter as tk
from tkinter import ttk
from tkinter import messagebox
import sqlite3

# 書籍の情報をデータベースから取得する関数
def get_books():
  conn = sqlite3.connect('collection.db')
  cur = conn.cursor()
  sql = 'SELECT * FROM books'
  cur.execute(sql)
  books_list = cur.fetchall()
  conn.close()
  return books_list

# 蔵書一覧の行が選択されたときに実行する関数
#（詳細情報の更新を行う）
def view_select(event):
  global img
  global d_frame
  slct_items = list_view.selection()
  s = ('ISBN/ASIN', 'タイトル', '著者',
       '出版社', '発売日', '価格(円)')
  for i in range(len(s)):
    item_view.item(i,
      values=(s[i],
        books_list[int(slct_items[0])][i+1]))
  img  = tk.PhotoImage(
    file=books_list[int(slct_items[0])][7])
  panel.create_image(0, 0, anchor='nw',
                     image=img)

# 「登録」ボタンのハンドラ関数
in_entry = []
def new_registration():
    global sub_win
    global in_entry
    conn = sqlite3.connect('collection.db')
    cur = conn.cursor()
    sql = """INSERT INTO
             books (isbn,
                    title,
```

SQL文(SELECT文)

SQL文(INSERT INTO文)

```
                    author,
                    publisher,
                    release,
                    price,
                    image)
             VALUES(?, ?, ?, ?, ?, ?, ?)"""
    ele = []
    for i in range(len(in_entry)):
      ele.append(in_entry[i].get())
    cur.execute(sql, ele)
    conn.commit()
    conn.close()
    messagebox.showinfo('蔵書管理アプリ',
                        '新規登録しました。')
    sub_win.destroy()
    disp()

# 「操作」→「新規登録」のハンドラ関数
sub_win = None
s = ('ISBN/ASIN', 'タイトル', '著者', '出版社',
     '発売日', '価格(円)', '画像ファイル')
def save():
  global sub_win
  global in_entry
  # 書籍情報入力用ウインドウの生成
  sub_win = tk.Toplevel()
  sub_win.geometry("250x250")
  in_label = []
  in_entry.clear()
  for i in range(len(s)):
    in_label.append(tk.Label(
      sub_win,
      text=s[i]))
    in_entry.append(tk.Entry(
      sub_win,
      width=20))
  register = tk.Button(
    sub_win,
    text='登録',
    command=new_registration)
  for i in range(3):
    sub_win.columnconfigure(i, weight=1)
  for i in range(9):
```

SQL文(INSERT INTO文)

Tk関数ではなく、「Toplevel関数」でウインドウを生成すると、メインウインドウ(root)に連動するサブウインドウになる

```
    sub_win.rowconfigure(i, weight=1)
  for i in range(7):
    in_label[i].grid(column=0, row=i)
    in_entry[i].grid(column=1, row=i,
                     columnspan=2)
  register.grid(column=1, row=8, rowspan=2,
                sticky='n')

# 「操作」→「削除」のハンドラ関数
def delete():
  conn = sqlite3.connect('collection.db')
  cur = conn.cursor()
  sql = 'DELETE FROM books WHERE id = ?'
  slct_items = list_view.selection()
  cur.execute(sql,
    (books_list[int(slct_items[0])][0],))
  conn.commit()
  conn.close()
  messagebox.showinfo('蔵書管理アプリ',
                      'データを削除しました。')
  disp()

# トップレベルウインドウの生成
root = tk.Tk()
root.geometry('400x300')
root.title('蔵書管理アプリ')
root.resizable(0, 0)
root.grid_rowconfigure(0, weight=1)
root.grid_rowconfigure(1, weight=1)
root.grid_columnconfigure(0, weight=1)

# メニューバーを生成
men = tk.Menu(root)
root.config(menu=men)

# 「操作」メニューを生成
menu_command = tk.Menu(
  root,
  tearoff=False)
men.add_cascade(label='操作', menu=menu_command)

# 「操作」メニューに「新規登録」と「削除」を追加
menu_command.add_command(label='新規登録',
```

SQL文(DELETE文)

```
                              command=save)
menu_command.add_separator()
menu_command.add_command(label='削除',
                              command=delete)

# 蔵書一覧用のフレーム
c_frame = tk.Frame(root)

# 蔵書一覧用のTreeviewウィジェットの生成
list_view = ttk.Treeview(
  c_frame,
  show='headings',
  columns=('t', 'a', 'p'),
  selectmode='browse',
  height = 5)
list_view.bind('<<TreeviewSelect>>',
               view_select)

# 列見出し
list_view.heading('t', text='タイトル',
                  anchor='center')
list_view.heading('a', text='著者',
                  anchor='center')
list_view.heading('p', text='出版社',
                  anchor='center')

# 列の設定
list_view.column('t', anchor='w', width=200)
list_view.column('a', anchor='w', width=80)
list_view.column('p', anchor='w', width=80)

# Scrollbarウィジェットの生成
ybar = tk.Scrollbar(
  c_frame,
  orient=tk.VERTICAL,
  width=16,
  command=list_view.yview)
list_view.configure(yscrollcommand=ybar.set)
ybar.grid(row=0, column=1, sticky='nsew')

# 蔵書一覧にデータを追加
books_list = []
def disp():
```

```
  # 初期化
  list_view.delete(*list_view.get_children())
  global books_list
  books_list = get_books()
  for i in range(len(books_list)):
    list_view.insert(parent='',
                     index='end', iid=i ,
      values=(books_list[i][2],
              books_list[i][3],
              books_list[i][4]))
  list_view.grid(row=0, column=0, sticky='nsew')
  # 最後の行を選択
  list_view.selection_set(i)
  # 最後の行に移動(自動スクロール)
  list_view.see(i)

# 蔵書一覧の生成
disp()

# 詳細情報部分の生成
d_frame = tk.Frame(root)
d_frame.grid_columnconfigure(0, weight=1)
d_frame.grid_columnconfigure(1, weight=1)

# 書籍の詳細情報用のTreeviewウィジェットを生成
item_view = ttk.Treeview(
  d_frame,
  show='tree',
  columns=('i', 'c'),
  selectmode='none',
  height=6)
# 階層列はwidth=0にして見えなくする
item_view.column('#0', width=0, stretch=False)
item_view.column('i', anchor='w', width=80)
item_view.column('c', anchor='w', width=200)

# 詳細情報の表示
slct_items = list_view.selection()
for i in range(len(s)):
  item_view.insert(parent='', index='end', iid=i,
    values=(s[i],
    books_list[int(slct_items[0])][i+1]))
item_view.grid(row=0, column=0)
```

```
# 表紙画像の生成
img = tk.PhotoImage(
  file=books_list[int(slct_items[0])][7])
panel = tk.Canvas(
  d_frame,
  width=70,
  height=100)
panel.create_image(0, 0, anchor='nw', image=img)
panel.grid(row=0, column=1,
           pady=15, sticky='nsew')

c_frame.grid(row=0, column=0)
d_frame.grid(row=1, column=0, sticky='nsew')

root.mainloop()
```

アプリを実行し、操作メニューの「新規登録」を選んでみましょう（**図7**）。すると、**図8**の書籍情報入力用のサブウインドウが表示されるので、新たに登録したい書籍の情報を入力します。

図7●操作メニューの「新規登録」を選択

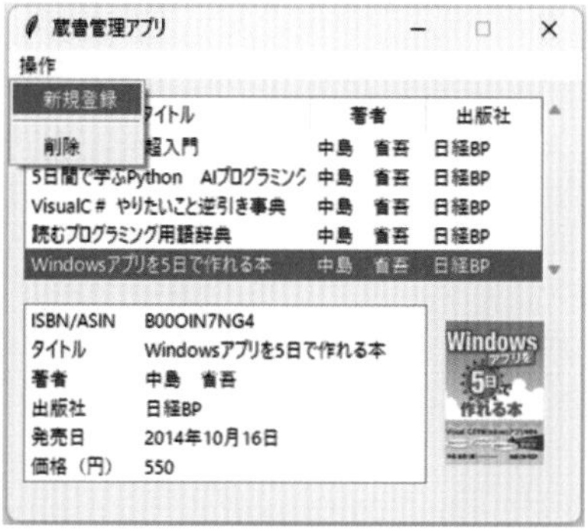

図8●書籍情報入力用のサブウインドウ

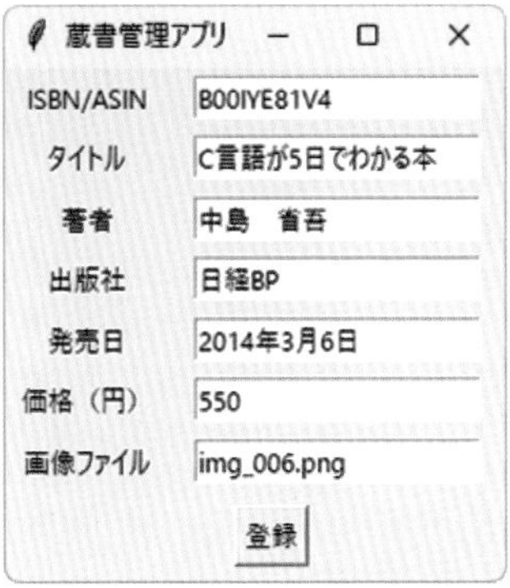

表紙画像ファイルの「img_006.png」も用意して、collection_app.pyと同じフォルダーに置きます。その後、「登録」ボタンを押すと、メッセージボックスで「新規登録しました。」と表示され（**図9**）、**図10**のように、新しく登録した書籍のデータが表示されます。

図9●「新規登録しました。」のメッセージボックス

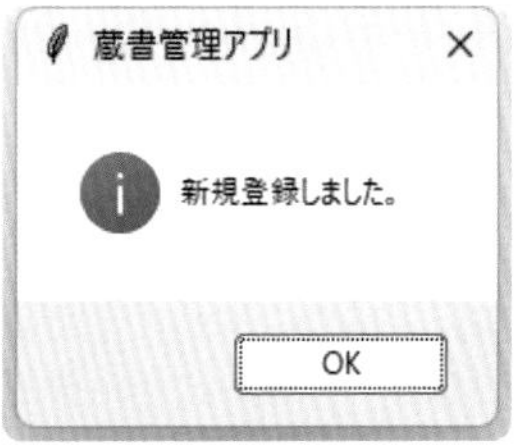

図10●新しく登録した書籍のデータが表示された

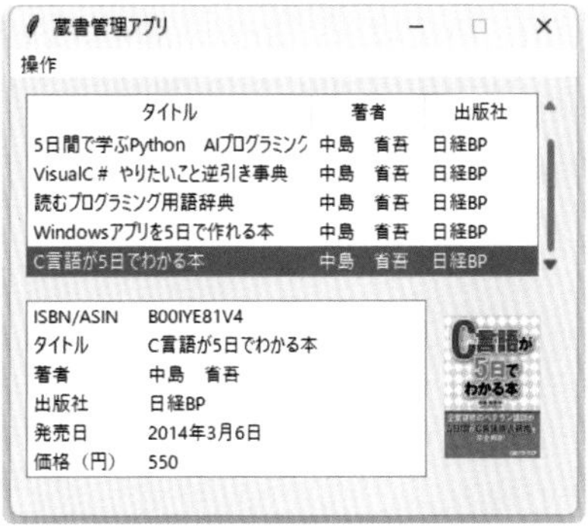

collection_app.pyで利用しているSQL文は次の3つです。

```
SELECT * FROM books

INSERT INTO
books (isbn,
       title,
       author,
       publisher,
       release,
       price,
       image)
VALUES(?, ?, ?, ?, ?, ?, ?)

DELETE FROM books WHERE id = ?
```

「SELECT * FROM books」は、booksテーブルの全データを取得するSQL文です。このSQL文を、書籍情報をデータベースから取得するget_books関数の中で実行しています。この関数ではfetchall関数を使って、取得した全データをPythonのリストに変換し、戻り値として返しています。戻り値は次のような内容になっています（これはデータが2件ある例です）。

```
[(1, '9784296102136', 'ビジネスPython超入門', '中島¥u3000省吾', '日
経BP', '2019
年6月10日', 2640, 'img_001.png'), (2, 'B07HMN68L9', '5日間で学ぶP
ython¥u3000AIプログラミング編', '中島¥u3000省吾', '日経BP', '2018年9
月25日', 880, 'img_002.png')]
```

「INSERT INTO～」のSQL文は、「登録」ボタンが押されたときに実行するnew_registration関数の中で実行しています。書籍の各データをbooksテーブルに追加しています。

「DELETE FROM books WHERE id = ?」は、booksテーブルから、idで指定した書籍のデータを削除するSQL文です。delete関数の中で実行しています。

▶メニューコマンドのハンドラ関数

アプリの操作メニューには、「新規登録」と「削除」のメニューコマンドがあります。これらは次のように操作メニューに追加しています。

```
menu_command.add_command(label='新規登録',
                         command=save)

menu_command.add_command(label='削除',
                         command=delete)
```

新規登録が選ばれたときはsave関数を、削除が選ばれたときはdelete関数を実行します。

▶サブウインドウを生成

save関数では、図8のサブウインドウを次のように生成しています。

```
sub_win = tk.Toplevel()
```

このように、Tk関数ではなく、「Toplevel関数」でウインドウを生成すると、メインウインドウ（root）に連動するサブウインドウになります。つまり、メインウインドウを閉じると、サブウインドウも連動して消えます。

■<<TreeviewSelect>>イベント

Treeviewウィジェットは、蔵書一覧用（list_view）と書籍の詳細情報用（item_view）の2つを作っています。

蔵書一覧用は「selectmodeオプション」を「'browse'」にして、行を1つだけ選択できるようにしています。選択されると「<<TreeviewSelect>>イベント」が発生するので、bind関数を使ってview_select関数をハンドラ関数として設定しています。

```
list_view.bind('<<TreeviewSelect>>',
               view_select)
```

view_select関数では、Treeviewウィジェットの「selection関数」を使って、選択された行を取得し、その情報から詳細情報のTreeviewウィジェットを更新しています。

▶ Treeviewウィジェットの関数

まだ説明していない、collection_app.pyで利用しているTreeviewウィジェットの関数を見ていきましょう。

「item関数」は、行の内容を変更する関数です。第1引数には変更する行の番号（アイテムID）を、valuesオプションには1行分のデータをタプルで設定します。

「see関数」は、引数に行の番号を入れて実行すると、行が表示領域の外にあっても自動スクロールして表示してくれる関数です。

「delete関数」は、指定した行を削除する関数です。引数には削除したい行の番号または番号のタプルを設定します。

「get_children関数」は、すべての行の番号（子アイテムID）をタプルで取得できる関数です。

「selection_set関数」は、引数に指定した行を選択状態にする関数です。

> この蔵書管理アプリを含め、本書で紹介したアプリのプログラムでは、プログラムを短くするために、各種のエラーチェックを省略しています。この点はご了承ください。

蔵書管理アプリには、Pythonによるデスクトップアプリ作成の基本がたくさん詰まっています。紹介したプログラムを参考にして、便利なアプリをいろいろ作ってみましょう。

講座1　Pythonプログラムのexe化

Pythonはスクリプト言語なので、基本的に、PythonのプログラムはPythonのプログラミング環境がないと実行できません。これはプログラムを配布したいときに問題になります。なぜなら、プログラムの利用者のパソコンにPythonのプログラミング環境が入っていない場合は、Pythonのプログラミング環境の導入を利用者にお願いしなければならないからです。近年、多くの人のITリテラシーが向上しているとはいえ、Pythonのプログラミング環境のインストールは、少しハードルが高い作業でしょう。

このような場合は、Pythonのプログラムを「exe化」することで解決できます。exe化とは、Pythonのプログラムを、ダブルクリックすれば実行できるWindowsの実行ファイルの形式（exeファイル）に変換することです。

講座1では、Windows環境でPythonのプログラムをexe化する方法を解説します。

PyInstallerのインストール

ここでは「PyInstaller」という、Pythonのプログラムをexe化するツールを使います。

PyInstallerはサードパーティ製のツールです。標準的なPythonのプログラミング環境には含まれていませんから、インストールが必要です。コマンドプロンプトで次のコマンドを入力して、インターネット経由でインストールします。

```
pip install pyinstaller
```

BMI計算機をexe化する

PyInstallerを使って、第2部第1章で作成した「BMI計算機」のプログラム（bmi_app.py。第2部第1章のリスト1）をexe化してみましょう。

まず、Cドライブ直下に「bmi」フォルダーを作り、このフォルダーにbmi_app.pyをコピーします。

その後、コマンドプロンプト等でbmiフォルダーに移動したら、次のようにpyi

nstallerコマンドを実行しましょう（図1）。

```
pyinstaller bmi_app.py --noconsole --onefile
```

図1●pyinstallerコマンドを実行

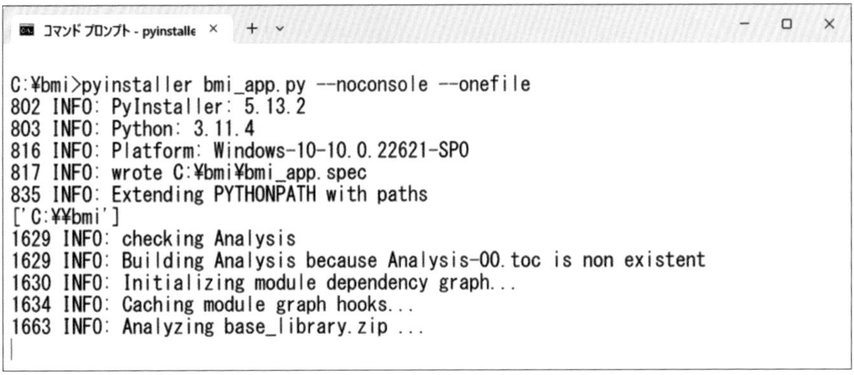

「--onefile」は、“1つのexeファイルにする”ためのオプションです。

何とたったこれだけで作業は完了です。コマンドの実行が完了すると、bmiフォルダーの中には図2のようなフォルダーとファイルが作られます。この中のdistフォルダー内に作成された「bmi_app.exe」が、exe化されたbmi_app.pyです（図3）。

図2●フォルダーとファイルが作られた

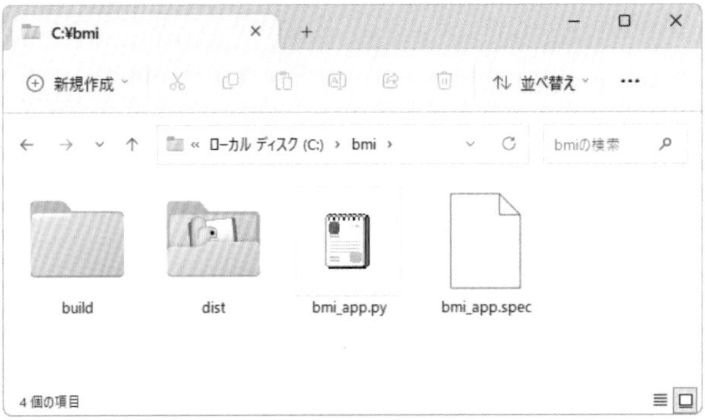

図3●「bmi_app.exe」。exe化されたbmi_app.py

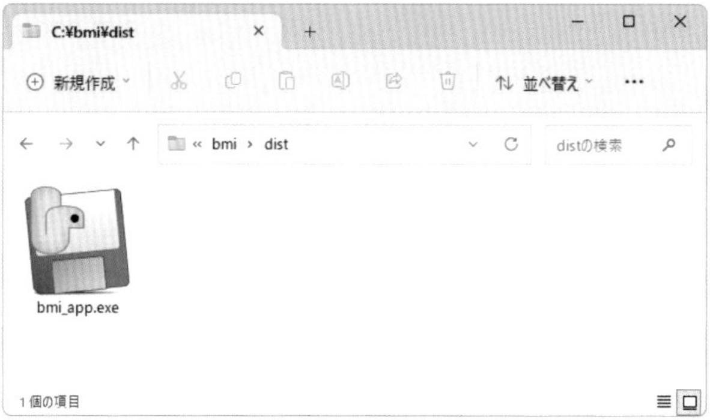

bmi_app.exeはダブルクリックで実行できます。もちろん、Pythonのプログラミング環境がないWindowsパソコンでも実行できます。プログラムを配布したい場合は、このbmi_app.exeを提供すればよいでしょう。

4択クイズをexe化する

続いて、第2部第3章で作った「4択クイズ」のプログラム（quiz_app.py。第2部第3章のリスト3）をexe化してみます。

quiz_app.pyは、実行時に外部のファイルである「quiz.csv」（第2部第3章の図1）を読み込みます。exe化では、この“外部のファイルの読み込み”に対応する必要があります（といっても、難しくはありません）。

まず、Cドライブ直下に「quiz」フォルダーを作り、quiz_app.pyをコピーします。

その後、コマンドプロンプト等でquizフォルダーに移動したら、次のようにpyinstallerコマンドを実行しましょう。

```
pyinstaller quiz_app.py --noconsole
```

これで、quizフォルダーには**図4**のようにフォルダーとファイルが作られます。

図4●フォルダーとファイルが作られた

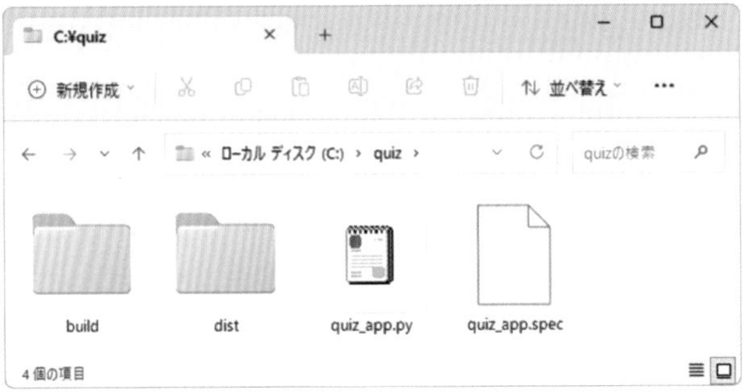

この中のdistフォルダーの中にある「quiz_app」フォルダーを開きましょう（図5）。

図5●quiz_appフォルダー。exeファイルと、プログラムの実行に必要な多数のファイルが作られている。quiz.csvはここにコピーする

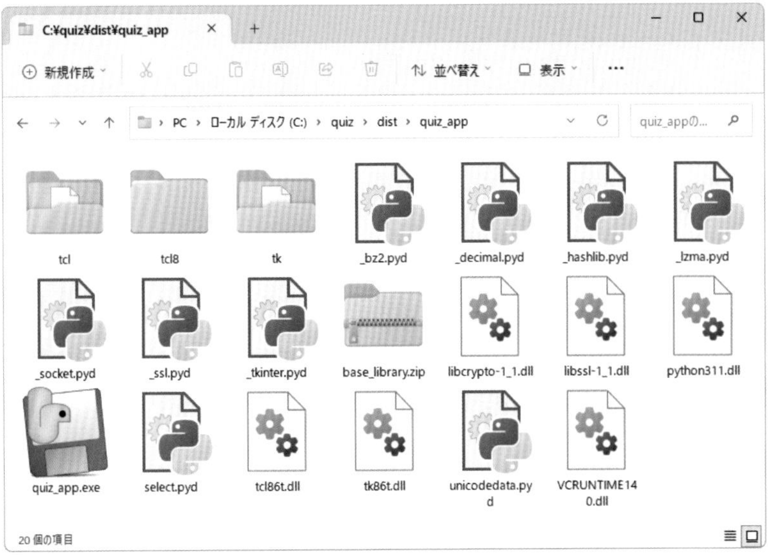

たくさんのファイルができていますが、exeファイルである「quiz_app.exe」が作成されていることを確認できます。

quiz_app.exeの存在を確認したら、quiz_appフォルダーにquiz.csvをコピーしましょう。つまり、quiz.csvをquiz_app.exeと同じフォルダーに配置します。

これでquiz_app.exeをダブルクリックすることで4択クイズのプログラムを実行できるようになります。プログラムを配布したい場合は、（quiz.csvをコピーした後の）quiz_appフォルダーをzip圧縮するなどして提供すればよいでしょう。念のため書いておくと、quiz_app.exe以外のファイルもプログラムの実行に必要なファイルですから、配布する場合はquiz_appフォルダーをまるごと提供してください。

ところで、quiz_app.pyのexe化では「--onefile」のオプションを付けずにpyinstallerコマンドを実行しています。そのため、図5のようにquiz_app.exe以外にもたくさんのファイルが生成されました。

実行時に読み込む外部のファイルがある場合は、--onefileを付けない方が簡単です。外部のファイルは、exeファイルが作成された後に、exeファイルと同じフォルダーにコピーするだけでよいからです。実は、--onefileを付けて外部のファイルも一緒に1つのexeファイルにまとめる方法もありますが、プログラムの若干の修正が必要になり、少し面倒です。

講座2 ttk版ウィジェットのテーマを変える

ttk版のウィジェットは「テーマ付きウィジェット」です。実は、ttk版のウィジェットには、テーマを変更することで見た目を変える機能が備わっています。簡単に紹介しましょう。

リスト1の「theme.py」は、ボタンを押すことでttk版のウィジェットのテーマ（見た目）を変更できるプログラムです。実行例を**図1**に示します。

リスト1●「theme.py」。ttk版ウィジェットのテーマを変更するプログラム

```
import tkinter as tk
from tkinter import ttk

root = tk.Tk()
root.title('ttk版ウィジェット')
root.geometry('260x170')

# Styleオブジェクトを生成
style = ttk.Style() ◀── Style関数を実行
# 利用できるテーマをタプルで取得
names = style.theme_names()
print(names)
index = 0

# ボタンのハンドル関数
def change_style():
  global index
  style.theme_use(names[index]) ◀── theme_use関数を実行
  print(names[index])
  index = index + 1
  if index > len(names) - 1: index = 0

button = ttk.Button(
  root,
  text="ボタン",
  command=change_style)
button.pack(pady=(10,10))

checkbutton = ttk.Checkbutton(
```

```
  root,
  text="チェックボタン")
checkbutton.pack(pady=(10,10))

scale = ttk.Scale(
  root,
  orient=tk.HORIZONTAL,
  length=100)
scale.pack(pady=(10,10))

root.mainloop()
```

図1●theme.pyの実行例。Windowsでは7つのテーマが用意されている（1/2）

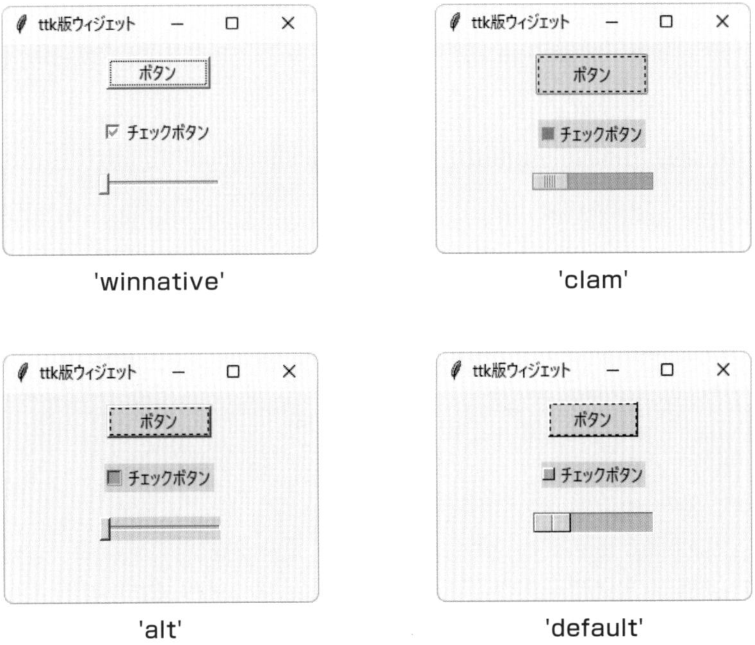

図1●theme.pyの実行例。Windowsでは7つのテーマが用意されている(2/2)

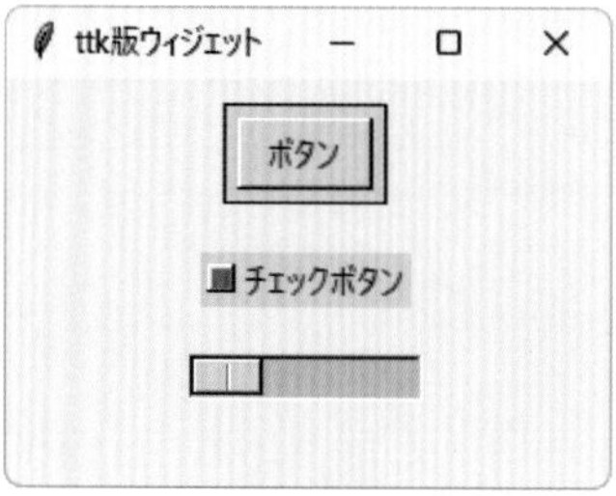

'classic'

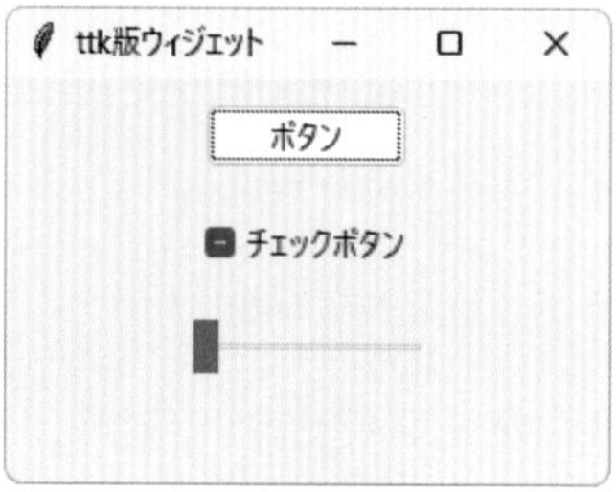

'vista'
(デフォルト)

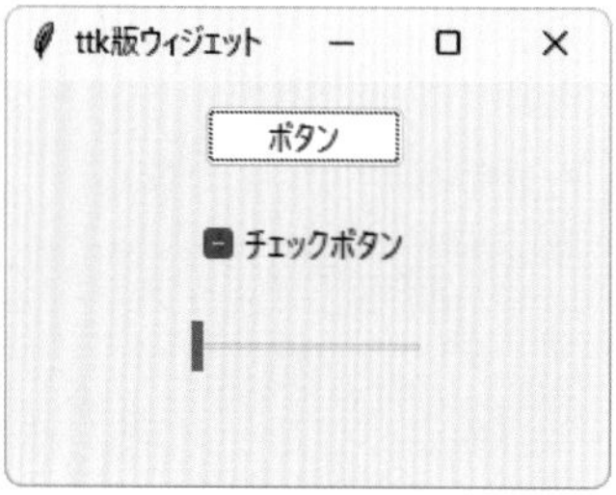

'xpnative'

Windowsで実行すると、次の7つのテーマを利用できます。

```
'winnative'、'clam'、'alt'、'default'
'classic'、'vista'、'xpnative'
```

'vista'がデフォルトです。ちなみに、macOSでは、'aqua'、'clam'、'alt'、'default'、'classic'の5つのテーマを利用できます。

テーマの変更は簡単です。ttkモジュールの「Style関数」でStyleオブジェクトを生成し、Styleオブジェクトの「theme_use関数」を実行するだけです。theme_use関数の引数には、テーマの文字列（'classic'など）を指定します。つまり、テーマの変更は、次のような2行のコードで行えます。

```
style = ttk.Style()
style.theme_use('classic')
```

索　引 INDEX

記号

A

B

C

D

E

R

S

T

U

V

W

X

Y

あ行

か行

さ行

た行

は行

ま行

ら行

わ行

■筆者紹介

中島 省吾（なかじま しょうご）

有限会社メディアプラネット代表。1年のうち、4〜7月は新人向けのプログラミング研修の講師、それ以外はプログラミングに関する書籍や雑誌記事の執筆、eラーニングのコンサルティングやテキストの作成を主な生業にしている。対象分野は、IT基礎、ネットワーク、データベース、Web技術、プログラミング言語（C言語、C#、Java、Python等）と幅広い。「ビジネスPython超入門」（日経BP）など著書多数。

本書の活用にあたって

本書に掲載したプログラム（ソースコード）は、本書のサポートページからダウンロードできます。下記のURLからたどれる本書のサポートページにアクセスし、ファイルを入手してください。また、訂正・補足情報もサポートページでお知らせします。

日経ソフトウエアの「別冊バックナンバー」のURL
https://nkbp.jp/nsoft_books

Pythonでデスクトップアプリを作ろう

2023年11月20日　第1版第1刷発行
2024年　3月　4日　第1版第2刷発行

著　　者　中島 省吾
発 行 者　森重 和春
編　　集　武部 健一
発　　行　株式会社日経BP
発　　売　株式会社日経BPマーケティング
　　　　　〒105-8308　東京都港区虎ノ門4-3-12
装丁・制作　JMCインターナショナル
印刷・製本　図書印刷

ISBN　978-4-296-20355-0